Du

Eine Reise zu Dir selbst

Inhalt

Vorwort

Hallo! Dieses ist ein unbequemes Büchlein. Weil es Dich aufrütteln, in Deinen tiefsten Manifesten erschüttern kann. Gemütlich war gestern. Heute weht ein anderer Wind. Ein Wind der Veränderung. In Dir.

Wenn Du bereit bist, tiefer zu schauen, bist Du herzlich eingeladen, mit auf die Reise zu kommen. Eine un-perfekte, eigenwillige Reise, wie sie mir ‚vor die Füße' kam. Was Du daraus machst, ‚mitnimmst' – ist alleine Deine Entscheidung. Viel Vergnügen!

Du

Hallo Du! Ja, Du! ☺

Wie fühlst Du Dich jetzt? Geht es Dir gut? Hast Du ein Dach über dem Kopf? Genug zu Essen? Freunde? Geborgenheit?

Stopp! Zähl jetzt nicht auf, was Dir fehlt! Besinne Dich auf das, was bereits in Deinem Leben ist – sei es auch noch so klein – und danke jetzt dafür. Dann mehrt sich automatisch alles, wofür Du dankbar bist. Hab Geduld!

Bist Du glücklich? Mit Dir? Mit Deinem Leben?

Kannst Du akzeptieren, was ist?

Vergeben? Dir und allen anderen? Vergeben heißt nicht, mit etwas einverstanden zu sein – Du gibst Dich nur selbst – und die anderen – frei.

Bist Du eher laut oder leise? Wie ist es jetzt?

Spürst Du den Wind auf Deiner Haut? Nimmst die Farben der Natur wahr? Die Strahlen und Wärme der Sonne?

Was ist mit Deinem eigenen Licht? Lässt Du es leuchten? Damit denen, die es sehen, ein Weg gewiesen wird und sie sich ihrerseits trauen, ihr Licht leuchten zu lassen? Oder verdeckst Du Dein Strahlen? Warum? Wovor hast Du Angst?

Nimm einmal nur Dich. Sieh nur Dich, wie Du jetzt bist. Hat dieses Jetzt-Ich Angst? Hier und Jetzt? Sofern Dein Leben jetzt - in diesem Moment - nicht bedroht ist, gibt es keinen Grund für Angst. Erkenne, dass diese Angst aus Dir kommt.

Du hast die Wahl – Du kannst in Deiner Angst verharren oder Dich dafür entscheiden, glücklich zu sein – im ewigen Jetzt. Es kommt auf Deine Sichtweise an. Du hast stets die Wahl zwischen ‚Gut' und ‚Böse' – wie Du es nennst. Warum solltest Du Dich nicht für das Gute entscheiden? Du hast so viel mehr davon! Dein Leben ist damit viel leichter und alles fügt sich im Fluss des Lebens.

Probier es doch einfach mal aus! Du kannst dabei nur gewinnen – für Dich. Fang jetzt damit an. Setze Dich gerade hin, straffe Deine Schultern, atme dreimal ganz tief durch und zieh Deine Mundwinkel nach oben. Und? Wie fühlt sich das an? Gut? Gewiss. Das kannst Du immer haben. Erinnere Dich einfach daran und dann lebe danach. Es ist so einfach.

Da die meisten von uns in der Hinsicht noch einen kleinen ‚Schubser' brauchen können, existiert dieses Buch. Für Dich.

Wer, meinst Du, bist Du?

Hier und Jetzt?

Bist Du Dein Name? Dein Job? Deine Kleidung? Dein ‚hart erarbeiteter' Titel? Dick, dünn, lang, kurz? Schüchtern, furchtlos, leise, laut? Steif oder beweglich? Rebellisch oder brav?

Und? Meinst Du, das war schon alles? Definierst Du Dich tatsächlich nach diesen Dingen? Dann hast Du noch ein Stück des Weges vor Dir.

Bist Du eine Kopie der Gesellschaft oder ein Original? Spüre in Dich hinein! Ist das, wo Du jetzt stehst, ganz alleine immer Deine eigene Entscheidung gewesen? Bist Du Dir sicher? War es nicht die Entscheidung Deiner Eltern, der Schule, der Lehrer, der Medien, der Gesellschaft, die Dich auf diesen Weg gebracht und beeinflusst hat? Spüre in Dich, fühle, was sich für Dich davon wahr anfühlt. War es nicht doch die Meinung Deiner Eltern, die Dich seit Deiner Geburt prägten? Die Dir sagten, was gut für Dich ist und was nicht? Was die Meinung der Gesellschaft ist und das man sich besser danach richtet?

Jetzt ist der beste Zeitpunkt, alles wahrhaftig zu überdenken. Setze Dich hin, atme tief durch und schreib Dir auf, wie Dein Jetzt-Stand ist. Was tust Du, was liebst Du, wer, meinst Du, zu sein? Schreib einfach alles auf, was Dir spontan einfällt. Und nun schaue Dir die Liste an. Kannst Du alles aus vollem Herzen bejahen?

Schreib Deine Fragen auf einen extra Bogen Papier und gib ihn an Deine Freunde, Bekannte,… weiter. So bekommst Du auch ein Bild davon, wie Dich andere sehen. Stimmt das mit Deine Sicht über Dich überein? Wirst Du größer gesehen, als Du Dich selbst fühlst? Dann hast Du jetzt die wunderbare Gelegenheit, zu wachsen. ☺

Nimm noch ein leeres Blatt Papier. Atme wieder tief durch. Stell Dir vor, Du willst auf diese schöne Erde geboren werden. Was nimmst Du Dir vor? Was willst Du erfahren? Schreib einfach drauflos, was Dir spontan alles einfällt. Nicht mit dem Kopf denken, sondern aus dem Herzen fließen lassen. Und? Bist Du überrascht? Alles, was Du bisher getan und erlebt hast, ist Dein Weg. Wenn Du Deine Antworten jetzt kennst, magst Du diesen Weg vermutlich einen Umweg nennen. Doch Du kannst jetzt Deine ‚richtige' Richtung mutig einschlagen. Lass Dich nicht davon beirren, was andere dazu meinen! Es ist Dein Weg, den niemand anderer für Dich gehen kann. Alles ist Erfahrung auf Deinem Weg. Und ob Du Ratschläge annimmst, ist stets Dir selbst überlassen, Deine eigene Entscheidung.

Wenn Dein Ziel ist, glücklich zu sein – dann sei es einfach. Es bedarf dafür nichts aus dem Außen. Wenn Dein Ziel Frieden ist – dann finde den Frieden in Dir und lebe ihn ins Außen – nur dadurch kann sich der Frieden auf Erden vermehren. Wenn Dein Ziel die Liebe ist – dann liebe zuerst Dich selbst. Das ist wie mit dem Frieden – es kann sich nur im Außen zeigen, was im Inneren ist. Das zieht dann weite Kreise. So einfach ist das. Und es ist stets Deine Entscheidung. Wenn Dein Ziel ist, viel Geld zu haben – dann schaue Dir erst einmal Deine Motive an. Warum willst Du das? Ist es Dein Ziel mit diesem Geld vielen Menschen wirklich zu helfen? Wunderbar! Leg los. ☺ Falls Du andere Gründe hast, schaue sie Dir über Dein Herz an. Sei grundehrlich zu Dir selbst. Warum willst Du ein zweites Auto? Ein neues Smartphone? Einen neuen PC? Tut das Not?

Denke an die Kette der Produktion für diese Dinge. Von den Wunden der Mutter Erde für den Abbau der Rohstoffe; für die Machtkämpfe und das Blutvergießen, das seltene Rohstoffe auslösen; für die Arbeiter, die oft nur wenig Lohn für ihre Arbeit bekommen, nur damit es hier billig angeboten werden kann; für die Mengen an Wasser, die für die Produktion benötigt werden – Wasser, mit dem man sehr viele Menschen vor dem Verdursten retten kann; für den Ausstoß von giftigen Gasen in die Atmosphäre bei der Produktion; von dem Tier-und Menschen-Leid, das mit der Wasser- und Luftverschmutzung zusammen-hängt;… Ist dieser ganze Aufwand wirklich notwendig? Brauchst Du diese Dinge zum überlegen? Denke ganz realistisch darüber nach. Du kannst gerne sagen, dass Du damit nichts zu tun hast – Du hast es dennoch. Indem Du diese Dinge willst, bist Du auch für alles andere mit verantwortlich.

Übe Dich und Deine Freunde in **Telepathie** – dann werden die Handys/Smartphones/ Tablets,… überflüssig. Übe Dich in **Levitation** und alle Fortbewegungsmittel werden überflüssig. **Entscheide Dich** für **Lichtnahrung** und alle Ernährungsprobleme lösen sich auf. Ok, diese Dinge werden nicht von Heute auf Morgen überall realisiert sein, aber Du kannst einen Anfang machen. Informiere Dich gründlich darüber. Und dann leg los.   **Alles ist einfach, alles ist Deine Entscheidung, Deine Verantwortung.** Triff Deine Entscheidungen nur aus dem Herzen heraus. Das sind die wahrhaftigen Entscheidungen.

Denke darüber nach, was allen Lebewesen hilft und Du findest Möglichkeiten, das umzusetzen. Für das Wohl aller – aller Lebewesen (Menschen, Tiere, Pflanzen, Steine, der Elemente, Mutter Erde und allen für uns (noch) nicht-sichtbaren Lebewesen).

Spiele mit Deinen Freunden in der reellen Welt, anstatt in der virtuellen. Spiele lieber mit deiner Familie und Freunden Gesellschaftsspiele im Wohnzimmer. Da haben alle was von, es ist eine Menge Spaß und ihr erfahrt das Leben, die Nähe mir anderen. Gut, ihr mögt sagen: „Das ist uns egal." Dann probiert es einfach mal aus. Spielt mit euren Freunden und Familie reelle Spiele, spielt draußen in der Natur (das da draußen vor Deiner Haustür). Lerne das Leben hier auf der Erde fühlbar kennen. Deswegen bist Du hier. Nicht, weil Du die ganze Zeit vor einem kleinen Bildschirm hocken wolltest.

Das Leben ist kostbar. Realisiere, dass Du aus Billionen von Zellen bestehst, die alle nur für Dich da sind! Wie kannst Du da behaupten, jemals alleine zu sein?

Dein Körper wurde Dir für dieses Leben zur Verfügung gestellt. Kümmerst Du Dich gut um ihn? Gönnst Du ihm ausreichend Schlaf, frische Nahrung, klares Wasser, viel Bewegung, Freude und Spiel? Etwa nicht? Regelmäßige ‚Wartung' ist nur Deinem Auto, PC, Handy, Wasch-maschine… vorbehalten? Ups! Dann läuft entscheiden was schief! Es sei denn, Du willst ein relativ kurzes, schmerzhaftes Leben haben und im Altenheim enden.

Neue Technologie ist gut – mach Dir jedoch **bewuss**t, wofür Du sie **einsetzt**. Schenkt sie Dir wichtige Informationen, von denen Du nachhaltig etwas lernst oder ‚bespielst' Du Dich damit einfach nur? Berieselst Dich? ‚Schlägst die Zeit tot'? Warum? Weil das alle so machen? Schau Dich um! Alle Deine Freunde? Die gesamte Welt? Die gesamte Welt kann nicht stimmen, weil die meisten Menschen keinen Zugang zu Technologien – welcher Art auch immer – haben. Wir ‚Wohlstands-Europäer' sind einfach nur ein kleiner Anteil an der Welt – das vergessen die meisten oft.

Ist es von dieser Sichtweise klug, was Du mit der Technologie, die Dir zur Verfügung steht, anfängst? Gibst Du ehrlich zu, dass es sehr oft einfach nur belanglos ist? Wen interessiert denn, wie viele ‚Freunde' Du auf Facebook hast? Wann Du Dich echt ‚Scheiße' gefühlt hast? Welche Marke Du gerade trägst? Ob Du in Zero reinpasst? Hey! Mach die Augen auf! Bevor Du auf hohem Niveau jammerst, mach Dir bewusst, dass es unendlich viele Menschen gibt, die nichts haben! Die würden zwar klasse in Zero reinpassen, aber denen ist es völlig egal! Sie würden wohl alles dafür geben, etwas zu essen zu haben – und Du?

Ruf doch einfach die ‚Zero'-Bewegung ins Leben: Zero-Konsum. Und mit dem, was Du dann mehr hast, kannst Du viele andere glücklich machen. Zum Beispiel mit Deiner Zeit, die Du sonst fürs shoppen, jammern, runter-hungern, virtuellem spielen, rumhängen,… ‚ver-plempert' hast. Wie? Du hast niemanden? Na, dann wird es Zeit, dass Du Andere kennen-lernst. ☺ Das Leben ist schön, bunt und Freude! Und soviel mehr, als Du auch nur ahnst.

Wenn Du immer im Blick hast, was Dein Herz möchte, wird Dir niemals langweilig. Dann ist Berieselung überflüssig. Dann bist Du die Schöpferin/der Schöpfer.

Ist es nicht viel besser, selbst etwas zu erschaffen, als nur immer das zu benutzen, was andere geschaffen haben? Richtig, wir sind zwar alle eins und somit hast Du auch alles erschaffen – aber ganz bewusst?

Halte jetzt inne, schnapp Dir wieder einen leeren Zettel und schreib alles auf, was Du gerne erschaffen würdest. Aus dem Herzen heraus. Schreib einfach alles auf, ohne es zu bewerten. Selbst wenn es verrückt oder unmöglich klingt: Wenn Dein Herz es wahrhaftig möchte, wirst Du es schaffen. Es ist Deine Entscheidung. Sobald Du sie getroffen hast, werden sich Wege finden, wird sich alles fügen. Sei es für große Projekte als auch für die ganz kleinen. Fang einfach an. Sei Du selbst.

Wie? Du weißt selbst nicht so recht, wer Du bist? Nun, Du bist ein göttliches Licht, dass sich hier auf der Erde erfahren will. **Du bist reine, bedingungslose Liebe, reine Energie, Schwingung, Farbe und Ton**. Finde das Lied in Dir. Und teile es mir der Welt. Die Welt ist darauf angewiesen, dass Du Dein Lied spielst. Denn **nur Du kannst Dein Lied in die Welt bringen**. Ein anderer kann Deine Melodie nicht hören. Das vermagst nur Du.

Wie Du das anstellen sollst? **Gehe in Dich**. Setz Dich hin, atme tief durch und lausche nach innen. Deine Gedanken schick auf Wolken davon – damit sie Dich nicht irritieren. Und? Was hörst Du? Bleib solange sitzen, bist Du Deine wundervolle Melodie hörst. Wenn Du sie nicht beim ersten Mal hörst, dann setz Dich so lange immer wieder für einige Zeit hin, bist Du sie klar spielen hörst. Wie, Du hast keine Zeit dafür? Du musst doch auch zum WC? Gut – dann übe es dort. Du kannst diese kleine Übung überall im Alltag einbauen – Ausreden zählen nicht. Denn es geht um Dich.

Das, was Du nicht willst, ziehst Du an. *Wie jetzt?* Alles was Du nicht willst und worauf Du Deinen Fokus richtest, wird mehr. Zum Beispiel Krieg. Du willst keinen

Krieg, dennoch gibt es unzählige davon. *Warum nur?* Weil der Fokus auf dem nicht-Krieg-wollen, dem Anti-Krieg liegt. Schwenke den Fokus zu ‚Frieden' und alles würde sich ändern. ☺ Genauso mit Demos: ‚Anti' und ‚Gegen' zieht nur noch mehr davon an.

Auch die ganzen Gedenkmomente – zu Anlässen wie dem Volkstrauertag – haben bislang nicht viel genützt. *Warum nur?* Nun – der Fokus liegt hier auf der Erinnerung was war – und das war der Krieg und die gefallenen Soldaten. Kein schönes Bild – voller Angst, Hass, Trauer, Schmerz, Leiden.

Fokussiere Dich lieber auf das Leben! Leben kann nur von Leben kommen – und nicht aus dem Gedenken an schlimme Zeiten oder gefallene Menschen. Diese Spirale hält den Krieg gefangen. Durchbrich sie! Lass nicht zu, dass Du weiterhin da mit drin hängst. Du hast eine Verantwortung – dem Leben gegenüber. So entschließe Dich dafür und handle entsprechend. Sei es nur in dir – dass du ab jetzt in Dir eine wundervolle, lebendige, gesunde Welt malst oder ob Du das auch im Außen umsetzt - Hauptsache, Du fängst damit an. Hier. Jetzt.

Albert Einstein wusste es – Probleme können niemals mit demselben Geist gelöst werden, aus dem sie entstanden sind. So kann nur Liebe die Antwort sein – alles, was aus der tiefen Liebe des Herzen erwächst, kann alles lösen. **So einfach ist das.** Dafür muss der Verstand/das Ego erstmal im Herzen ankommen, mit ihm Frieden schließen und zusammen-arbeiten. Eines ohne das Andere ist nur halbherzig. Es wurde von großen Lehrern oft gesagt: Der schwerste Weg ist der vom Kopf ins Herz.

Ändere auch Dein Bild von Jesus. Überwiegend wird seine Statue angebetet, wo er leidend am Kreuz hängt. *Warum?* Jesus stand und steht für das Leben, die Heilung und die Liebe! Für das Leben und nicht für das Leiden. Das Leiden zum Menschsein dazu gehört ist ein Mythos, den Du dringend **hinterfragen** solltest!

Formuliere alles Negative und ‚Anti' anders, mit einem ‚Für' und schon wird gestärkt, was Du wahrhaftig willst. ☺ **So einfach ist das.** Beispiele: Dafür sein, dass alle Menschen genug zu Essen und ein Dach überm Kopf haben. Das alle Menschen und Tiere in Frieden und Freiheit leben. Dass Mutter Erde geheilt ist. Dass alle in Leichtigkeit und Fülle leben und glücklich sind. Dass die Luft, die Atmosphäre und das Wasser rein und klar ist. …
Es ist Deine Verantwortung.

Stell Dir alles vor, was Du für alle möchtest, in bunten, klaren Bildern und fühle es. Am besten täglich. Lass es Dein ‚zweites Zähneputzen' werden. Damit erweist Du Dir und allen einen großen Dienst.

Wie geht es Dir? Jetzt? Spüre in deinen Körper. Was fühlst Du? Wärme? Kribbeln? Nichts? Nimm Dir Zeit für Dich. Zum spüren. Scanne Deinen Körper von Kopf bis Fuß. Wo ‚hakt' es?

Du bist für alles selbst verantwortlich. So – nun ist es ‚raus'. Vermutlich hörst Du das gar nicht gerne. Aber so ist es. Du ganz alleine bist dafür verantwortlich, wie Dein Leben ist, was für Krankheiten Du hast, wie erfolgreich Du bist, wie glücklich Du bist.

Auch für die Krankheiten? Ja! Seit Deiner Zeugung wird alles in Dir gespeichert – der Stress, die Angst, das Glück. Alles, was Deine Mutter erlebt hat, wurde auf Dich projiziert, in Dir gespeichert. Alle Emotionen lösen körperliches aus – sofort, aber meist viel, viel später. So wundert es Dich vielleicht, wenn Du mit 20 eine ungeheure Wut in Dir trägst, Dir aber nicht klar ist, woher das kommt. Es kommt tief aus Dir. Das Erkennen ist der erste Schritt zur Lösung.

Du wunderst Dich, warum Du Herzprobleme hast? (*Warum kannst Du Dich nicht selbst lieben?*) Oder Diabetes? (*Warum ist Dir das Leben nicht süß genug?*) Oder Krebs? (*Nimm Deine Wut an und erlöse sie.*) Oder sehr schlecht sehen kannst? (*Was willst Du nicht sehen? Bei Dir? Wovor verschließt Du Deine Augen?*) Oder zu dick bist? (*Warum brauchst Du so einen Schutzpanzer?*) Oder zu dünn bist? (*Warum willst Du nicht wahrgenommen werden?*) Das kannst Du beliebig fortsetzen.

Nun, auch für das **bist Du selbst verantwortlich**. Das kannst Du jetzt sicher noch nicht verstehen, lehnst diese Sichtweise ab. Ok – es ist Deine Entscheidung. Damit tauchst Du wieder in Dein altes Muster ein und es erfolgt keine Besserung.

Willst Du das überhaupt? Wahrhaftige Gesundheit? Darüber solltest Du Dir völlig im Klaren sein – was Du wirklich willst. Vielleicht willst Du das ja gar nicht? Setze Dich in Ruhe hin, atme tief durch, stell Deine Frage: "Will ich wahrhaftig gesund werden?" und spüre in Dich hinein. Lausche aufmerksam in Dich. Was für ein Gefühl kommt als erstes? Ablehnung? Begeisterung? Freude? Dumpfheit?

Dieses erste Gefühl schenkt Dir Klarheit über Deine Frage. Wenn es für Dich klar ist, dass Du wahrhaftige Gesundheit willst – mit allen Konsequenzen (z.B. dass Dein Schwerbehinderten-Ausweis überflüssig wird, Du keine Zuschüsse mehr von der Krankenkasse (Was für ein grässliches Wort! Daraus kann keine Gesundheit entstehen! Genauso wenig wie bei Krankenhäusern.) oder sonstige Vergünstigungen bekommst.).

Kommt es Dir nicht Spanisch vor, dass es überhaupt Vergünstigungen für so etwas – für Krankeheiten, Kriegsverletzungen,… – gibt? Sollte es nicht genau anders herum sein? Das Gesundheit für alle gewollt und finanziell machbar ist? Und man nicht erst (stolz) seinen Schwerbehinderten-Ausweis vorzeigt, um günstiger etwas oder einen sicheren Parkplatz zu bekommen. Warum dreht sich alles nur um Krankheiten? Für viele ist das leider das einzige Thema (neben Essen), das sie haben. Läuft da nicht entschieden was verkehrt? Indem die Krankheit stets präsent ist – in den Medien, bei jedem, der es zulässt – ist es ihr unmöglich, sich ins Gegenteil zu kehren. Indem man Krankheit denkt, entsteht keine Gesundheit daraus.

Wie krank ist das System, die Gesellschaft eigentlich? Und **dafür bist Du mit verantwortlich**! Du kannst weiterhin die Augen davor verschließen. Aber das nutzt weder Dir noch allen anderen. Erinner Dich, wer Du bist! Dein Grundrecht hier auf Erden ist Gesundheit. Und Mutter Erde schenkt alles dafür kostenlos.

Richte Dein Augenmerk einzig und allein auf Gesundheit. Fang bei Dir an. **Du kannst nur bei Dir anfangen.** Und bewirkst damit einen Wandel. Für Dich und alle. Lebe es vor. Und sieh, was geschieht. Gehe standhaft Deinen Weg der Gesundheit. Und alles ändert sich.

Ist das Leben nicht viel schöner bei voller Gesundheit? Wenn Du voll beweglich bist? Dich voll aufrichten kannst? Hast Du vielleicht davor Angst - ‚groß' zu sein? Das Leben voll genießen zu können? Dein Licht leuchten zu lassen? Ist Dir noch nicht in den Sinn gekommen, dies zu tun? Voller Freude und Leichtigkeit?

Lasse Dein Licht strahlen, stehe aufrecht und in voller Größe (wie klein das auch sein mag)! Damit trägst Du dazu bei, dass die Welt heller wird. Dein Licht steckt die anderen Lichter an, die ebenfalls vergaßen, zu leuchten. Und nun? Wird alles nach und nach hell, wird überzogen vom Strahlen der Liebe und des Friedens.

Zweifelst Du daran? Das das möglich ist? Nun - Du hast Dich dorthin gebracht, wo Du jetzt bist. Du kannst Dich auch überall sonst hinbringen! Wenn Du es wahrhaftig willst, wenn Du Dich dafür entscheidest. Du hast die Wahl. Du alleine. Du alleine bist für Dich verantwortlich. Du kannst weiterhin denken, dass ‚andere' dafür verantwortlich sind und das ‚andere' es gefälligst wieder in Ordnung bringen sollen. Dabei vergisst Du, dass nur Du selbst dazu in der Lage bist. Und gibst Dich weiterhin ab. In Abhängigkeit von anderen. Du machst Dich weiterhin klein, indem Du im bisherigen verharrst. Was ist Dein Nutzen daraus? Weiterhin zu leiden, zu jammern, Gesprächsstoff zu haben? Wo sind die Werte hin? Warum machst Du Dich abhängig? Weil es bequem ist, weil Du Dich damit gut arrangiert hast? Ok. Es ist Dein Leben, Dein Weg. Deine Entscheidung.

Die großen Konzerne (Medizinwesen, Pharma- und Lebensmittelindustrie (wieder so grässliche Un-Worte!),...) haben kein Interesse daran, dass Du gesund bist. Weil sie damit kein Geld verdienen können. Mach Dir das einmal ganz realistisch klar! Die großen Konzerne haben keinerlei Interesse daran, die Menschen in irgendeiner Weise gesund zu machen. Sie wollen sie abhängig halten.

Und **Du bist mit dafür verantwortlich**. Das wird in keiner Schule gelehrt – weil es kontraproduktiv für die Konzerne wäre. Sie wollen eine gehorsame, lenkbare, kontrollierbare ,Masse' haben. Ihre einzige Angst ist, ihre Machtstellung und das Geld zu verlieren. Nun – es lässt sich sehr gut in Gesundheit investieren. Mit Fitnesszentren, Gesundheitskursen auf allen Ebenen, Heilstätten, spirituelle Zentren, Gesundheits-Erhaltung, Gesundheitsforschung, Bio-Lebensmitteln,... mit allem, was für die Gesundheit, deren Erhaltung und dem gesamten Wohlbefinden aller dienlich ist.

Ein Umdenken aller ist dringend erforderlich. **Es kann nur bei Dir beginnen**. Fang also jetzt damit an. Es gibt keinen anderen Zeitpunkt. Jetzt. Und hier. Eine andere Chance hast Du nicht. Worauf wartest Du? Denk nicht weiter ,klein'. Strecke Deinen Rücken, mach Dich gerade, steh für Dich ein. Ein anderer wird es nicht tun. Kann es nicht, weil nur Du Dein Licht leuchten lassen kannst. **Strahle in die Welt. Zeige und lebe Deine Liebe, Deine Herzenswahrheit, Deine Herzensgaben.** Nur Du bist damit ,ausgestattet' – und die Welt wartet darauf. Sie ist angewiesen auf Deine Melodie, Deinen eigenen Klang, Dein Original. Das kannst nur Du sein. Trau Dich! **Hab den Mut, Dich voll und ganz zu leben!** Schau nicht darauf, was andere vielleicht sagen könnten – sie gehen in ihren eigenen Schuhen.

Hinterfrage alles. Auch Dich. Sei mutig und ehrlich dabei. Und Dir wird alles klar. Tanze im Regen. Strahle Deine Sonne. Berühre die Herzen mit Deiner Herzens-Wahrheit. Indem Du Dein Licht leuchten lässt, gibst Du auch allen anderen die Chance, ihr Licht leuchten zu lassen. (von Marianne Williamson, durch Nelson Mandela als Antrittsrede 1994 bekannt geworden) Fang an. Trau Dich. Sei mutig. Du kannst es! Du hast alles zu gewinnen. Vor allem wahren Frieden, Liebe,

Gesundheit, Freude, Glück, Leichtigkeit. Ist es nicht das, was Du schon immer wolltest? Du hast die Chance dafür. Es ist Deine Entscheidung. Triff sie aus dem Herzen.

Was würdest Du jetzt am liebsten machen? Seifenblasen pusten? Rennen, rumtoben? Auf einen Baum klettern? Singen? Tanzen? Hüfen? Schreien? Boxen? Reiten? Dich sonnen? Schwimmen? Schreiben? Musik machen? Einen Baum umarmen? Einen anderen Menschen umarmen? Tu es. Du brauchst niemanden, der Dir die Erlaubnis dazu erteilt. Schau nur, dass es zum Wohle aller ist.

Du fühlst Dich klein? Warum? Weil Dich Dein Chef oder Lehrer niedergemacht hat? Weil Du Streit mit jemandem hast? Weil Du Dich anders fühlst als andere? Weil Du meinst, Du könntest in der Welt nichts verändern, einfach, weil sie zu groß ist? Das Du da eh nichts ausrichten kannst? Weil Du lieber was anderes machen würdest, Du aber meinst, davon abhängig zu sein, was Du jetzt momentan machst? Weil Du meinst, etwas nicht zu können?

Hey! Dir fehlt nur die Übung! ☺ Du kannst Dich jederzeit dafür entscheiden, Deine Sichtweise zu ändern. Entscheide Dich für Dich. Für Deine Größe. Für Dein zauberhaftes Wesen. Und Du kannst alles zulassen, sein lassen, was Dir im Außen begegnet. Du weißt dann, dass das nichts mir Dir zu tun hat. Das der Andere gerade seine eigenen Erfahrungen dabei macht. Jeder ist ein Spiegel des Anderen. Wenn Du möchtest, dass dieser Spiegel strahlend ist – dann sei es zuerst selbst. Wie Innen so Außen. Ganz einfach. Du brauchst Dich nur daran erinnern und es leben.

Bist Du achtsam? Meinst Du? Wie genau liest Du Sachen? Bist Du sicher, dass Du andere nicht Sachen fragst, die Dir bereits geschrieben wurden? Klar, es ist heute eine schnelllebige Zeit. Aber das enthebt Dich nicht der Achtsamkeit. Bevor Du irgendetwas fragst, sei Dir ganz sicher, dass Du es nirgends bei Dir geschrieben stehen hast. Und vertraue dem, was dort geschrieben steht. Du musst Dich nicht vergewissern, ob etwas richtig ist oder so gemeint war. Wenn es klar und deutlich geschrieben steht, gibt es nichts zu zweifeln.

Das würde vielen Menschen viele Fragen und vielen anderen Menschen viele unnötige Antworten ersparen. ☺ Einfach, weil man achtsam ist mit dem, was man vor sich hat.

Bist Du glücklich? Wie fühlt sich glücklich-sein für Dich an? Meinst Du, erst glücklich sein zu können, wenn Du dies oder das hast oder das erreicht hast? Hm. Damit machst Du Dich abhängig, stellst Bedingungen. Was, wenn Du das erreicht hast und feststellst, dass Du damit nicht glücklicher bist als vorher? Ist es da nicht viel einfacher, einfach jetzt und hier glücklich zu sein? Es ist Deine Entscheidung.

Du hast immer die Wahl, für welche Seite der Medaille Du Dich entscheidest. Fühlst Du Dich arm, weil Du nur wenig oder gar kein Geld zur Verfügung hast? Siehst Du nur, was Du nicht hast? Schwenk zur anderen Seite! Richte Deinen Fokus jetzt auf alles, was Du hast, alles was Du kannst und bislang erreicht hast. Schreib Dir das gerne auf und schreibe dick ‚Danke! Danke! Danke!' darunter. Häng den Zettel dann an eine gut sichtbare Stelle und schaue es Dir täglich an. Immer, wenn Du daran vorbei kommst. Bliebe in diesem Fokus. Und alles ändert sich zum Guten für Dich. Und alle anderen.

Deine Sicht der Dinge. Darauf kommt es an. Mal Dir Deine Welt. So bunt wie nur möglich. Lass Dein Herz den Pinsel in den Hand nehmen und ein wundervolles Bild erstrahlen lassen. Dein Leben. Du kannst das Bild jederzeit ändern, so, wie es Dir Freude macht. Lass Dein Herz fließen. Und Du wirst überrascht sein, was alles möglich ist. Alles IST möglich. Dein Herz weiß das. Und freut sich sehr auf euer gemeinsames Abenteuer. Deswegen bist Du hier. Genau dort, wo Du jetzt bist. Fang mit dem Malen an – ob reell oder im Geiste. Fühle Dich in dieses Bild hinein. Lass es lebendig werden. Und alles erstrahlt.

Du. **Bist Du größtenteils auf Dich fokussiert?** Das ist im Grunde ja ok – achtest Du dabei aber auch auf andere? Zum Beispiel beim Autofahren? Oder fährst Du lieber (vielleicht auch unbewusst) nach dem Motto: Hey – Platz da - hier komm ich! Oder beachtest Du die Regeln und lässt auch mal anderen die Vorfahrt, selbst wenn Du sie hättest? Wie würdest Du wollen, dass man Dir im Straßenverkehr begegnet? Voller Gelassenheit oder voll Hetze? Warum Hetze? Hetzen tust Du Dich nur selbst. Frag Dich ehrlich, warum Du so im vermeintlichen Zeitdruck bist?

Fahr einfach eher los, dann hast Du genug Zeit für alles. ☺ Und brauchst nicht wie wild andere Autos überholen, nur um an der nächsten Ampel eh wieder zu warten – und die überholten Autos dann direkt hinter sich zu haben. Aus Erfahrung sage ich: Es bringt nichts! Selbst, wenn Du das immer wieder beteuerst. Du stehst eh an der nächsten Ampel oder der nächste Vorfahrer ist auch nicht schneller, als der, den Du gerade überholt hast.

Sei ganz ehrlich zu Dir selbst: Hat es denn tatsächlich was gebracht? Diese Minute Vorsprung? Außer dass Du Deine Reifen und alles andere mehr verschleißt und zudem noch mehr Kraftstoff verbraucht hast? Hast Du denn so viel Geld, dass Du Dir das leisten kannst? Oder auch da: Nach mir die Sintflut?
Apropos leisten:

Du. Lustig? Reserviert? Lebst Du schon oder schläfst Du noch? Wann hast Du Dich das letzte Mal zum ‚Affen' gemacht? Und? Hat es nicht Spaß gemacht? Weil andere das gut fanden, was Du gemacht hast? Dabei fröhlich waren? Dann mach weiter so! Was ist denn schon dabei, sich zum ‚Affen' zu machen? Trau Dich einfach. Alle anderen trauen sich nämlich meist nicht und sind froh, wenn sich jemand traut – umso ebenfalls Freude zu haben.

Überdimensioniert?

Fragst Du Dich manchmal, warum es so viele LKWs gibt, die durch die Gegend fahren? Und neben der Größe und Fahrweise noch viel giftigen Auspuff und Lärm verursachen? Nun – Du bist mit dafür verantwortlich! Wie jetzt – ich?

Ja – Du! Was meinst Du wohl, warum sie unterwegs sind? Sie bringen die Waren, die Du dann kaufst: Lebensmittel, Genussmittel, Obst und Gemüse, Hygieneartikel, Kleidung, Möbel, Schreibwaren, Bücher, … eben fast alles, was Du im Laden kaufen kannst oder über das Internet bestellst.

Ist es nötig, dass es in Norddeutschland Joghurt und andere Milchprodukte aus den Alpen gibt? Im Norden gibt es schließlich auch Kühe und Schafe! Warum diese unnötigen Wege? Sicher, Alpenprodukte sind ganz anders als die, die man im Norden bekommt. Ist es das wirklich wert? Den langen, langen Weg?

Wäre es da nicht besser, das zu nehmen und anzubieten, was die Region zu bieten hat? Kurze Wege bedeuten so gut wie keinen Stress. Denn glaub nur nicht, dass die LKW Fahrer/innen alle entspannt sind. Nicht wenige Unfälle passieren, weil sich diese Fahrer zu viel zumuten und dann zu müde und unkonzentriert sind, um einen Unfall zu vermeiden.

Schau Dir mal im Laden/Supermarkt an, was da alles angeboten wird. Ist das alles nötig? Würden nicht auch zwei Varianten von den jeweiligen Produkten reichen? Warum müssen es immer so viele Varianten sein? Hast Du jemals alle ausprobiert? Klar ist es klasse, so viel Auswahl zu haben. Aber denk mal drüber nach, wie das alles bewerkstelligt wird.

Die Rohstoffe dafür werden abgebaut und zu den Produktionsstätten gebracht, die Arbeiter/innen fertigen die Produkte, die Fahrer bringen sie in alle Welt, wieder andere Arbeiter/innen nehmen die Waren an und füllen die Regale damit.

So – und nun frag Dich mal, warum das alles so günstig ist? Wenn Du die Kette siehst, die an jedem einzelnen Produkt hängt – im Grunde wäre das dann unbezahlbar. Warum funktioniert das dennoch? Nun – das wissen wohl nur die ‚Planer‘, die ‚Kalkulateure‘, eiskalten Berechner. Sie ‚schmeißen‘ regelmäßig ‚Sonderangebote‘ und Werbung unters Volk, damit alle gelockt werden – etwas zu kaufen, was sie ansonsten nie nehmen würden. So werden auch die Endverbraucher ausgebeutet – ihr Wille. Sie werden für dumm verkauft. Nur das ist den meisten gar nicht klar. Das ist ja das traurige.

Es wird eine Zeit geben, da kannst Du alles, was Du brauchst aus Dir heraus erschaffen. Ja – wirklich alles. Da ist das oben beschrieben eh überflüssig. Bis dahin – sei unbesorgt, es dauert nicht mehr lange – sei bitte so wach, achtsam und kritisch, wie Du kannst. Jederzeit. Hinterfrage. Alles. Wenn Du etwas kaufen willst, frag Dich, ob Du das tatsächlich brauchst. Ob es Dich auf Deinem Weg weiterbringt. Wenn nicht, dann lass die Finger davon!

Lass Dir vor allem nichts aufschwatzen. Von niemandem, nicht mal von Deiner Familie. Du entscheidest. Für Dich. Mit dieser Entscheidung veränderst Du die Welt. Wenn Du alle Auswirkungen siehst, die jedes Produkt mit sich bringt – dann wäge aus Deinem Herzen heraus ab, ob das dem Wohle aller dient, wenn Du es kaufst.

Nun, Du wirst sagen – ja, mit dem Kaffee etc. aus Fair Trade, Bio-Kleidung etc. unter-stütze ich doch die Menschen vor Ort. Das mag sein.

Aber warum gibt es die Produkte? Weil Du und andere sie nachfragst. Ohne diese Nachfrage hätten die Menschen auf der ‚anderen Seite‘, dort, wo die Produkte her kommen oder hergestellt werden, ein schönes, leichtes Leben. Weil sie sich auf ihr Leben vor Ort konzentrieren könnten. Auf ihre eigene Entwicklung, auf ihr eigenes, inneres Wachstum. Dafür braucht es keine Produkte, die irgendwo verkauft werden. Dafür braucht es nur Herz. Und bedingungslose Liebe. Verstehst Du? Weil Du etwas nachfragst, was nicht hier hergestellt wird (werden kann), bringst Du andere Menschen in Leben, die von Arbeit und Armut geprägt sind. Weil Du die Produkte willst und das auch noch möglichst günstig.

Warum willst Du alles möglichst günstig haben? Weil Du selbst nicht so viel verdienst, um Dir teure Dinge leisten zu können. **Durchschaust Du den Kreislauf, in dem Du gefangen bist?** Du hast nicht genug, um Dir teures zu leisten und die, die die Produkte herstellen, haben gewöhnlich noch weniger als Du. Macht Dich das nicht stutzig? Wo ist denn das ganze Geld, magst Du fragen. Nun – das ist nur bei der Handvoll ‚Kalkulateuren, Planern‘, die kein Interesse daran haben, dass Du auch mal genug Geld zur Verfügung hast, um Dir genauso viel leisten zu können wie sie. Die Spirale geht nach unten, wobei es den meisten so vorkommt, nichts daran ändern zu können. Gefühlt sind eine ganze Menge Leute da ‚oben‘, die die ‚Drahtzieher‘ sind. Das stimmt nicht. Wer ist denn in der Überzahl? Doch Du und alle anderen!

Sei Dir bewusst, dass Du und alle anderen die Macht habt, die Dinge zu ändern. Mit dem Herz zu ändern. Zum Wohle aller und nicht nur einer Handvoll ‚Privilegierter‘. Schließ Dich mit all den anderen zusammen. Nur gemeinsam kann eine Änderung zum Guten passierten.

Warum meinst Du überhaupt, Geld zu brauchen? Weil Dir beigebracht wurde, dass man mit Geld Dinge kauft. Und je mehr Geld man hat, desto mehr kann man sich leisten. Warum? Bist Du selbst es, der diese Dinge will? Oder sind es die anderen, die Dir (unbewusst) vermitteln, den Bedarf danach zu haben?

Steig auc! **Ermächtige Dich selbst, Du zu sein.** Unabhängig von Meinungen anderer. Wahrlich Du, mit ehrlichen Herzens-Entscheidungen. Meinst Du, Du kannst das? Warum nicht? Alles ist möglich! Wahrlich alles. Fang an. Frage Dich. Und hör Deinem Herzen zu. **Frage Dich jede Sekunde.**

Wahre Größe **kann nur aus Dir selbst kommen.** Du erschaffst sie selbst in Deinem Herzen. Deine Liebe ist bedingungslos und ewig – Deine Liebe, die aus

Deinem Herzen heraus entspringt. Wie – Du stutz? Ja, auch Du hast diese tiefe Liebe. Mag sein, dass Dir das bislang noch niemand gesagt hat, aber es ist wahr. Wetter jetzt nicht auf Deine Eltern, die Dir diese Liebe nicht gezeigt oder gestanden haben. Sie haben diese Liebe genauso in sich, nur wurde auch ihnen nicht gezeigt, wie sie sie leben und ausdrücken können. Ihnen hat vermutlich nie jemand gesagt, dass sie geliebt werden. Es war eine schwere Zeit. Damals. Wenn man durch den Krieg dazu gezwungen war, einfach zu überleben. Gefühle hatten da Deinen Raum.

Es ist Zeit, dass sich das jetzt ändert. Fühle in Dich. Fühle Deine tiefe Liebe. Spüre, wie sehr Du geliebt bist – von der sichtbaren sowie unsichtbaren Welt. Spüre diese Wärme und Geborgenheit. In Dir. Und Du kannst aus Dir heraus diese tiefe Liebe weitergeben.

Sieh die Welt und alles auf ihr mit den Herzen-Augen dieser tiefen, bedingungslosen Liebe. Dazu braucht es kein Geld. Mutter Erde schenkt uns alle Früchte, Gemüse und Nüsse kostenlos. Du brauchst dafür nur ein bisschen Einsatz zeigen, indem Du diese Sachen anbaust. Schöpfe aus der Fülle in Dir. Du bist eine ‚Schalt-Zentrale‘ mit unendlichen Möglichkeiten. **Ja – so groß bist Du**. Erkenne Dich. Jeder ist groß. Daher gibt es auch keine Unterscheide – Hautfarben, Religion, etc. spielen keine Rolle. Jeder ist groß.

Warum wollen viele größer sein als andere? Den meisten, die das wollen, fehlt einfach nur die Liebe. Sie haben wahrhaftige Liebe nie erfahren. **Hab Mitgefühl** mit diesen Traurigen, die noch nicht erkannt haben, auf was es wahrhaftig ankommt: Darauf, die Herzens-Liebe zu leben.

Binde sie ein in Deine Vision einer besseren Welt. Male Dir alles in den schönsten Farben aus. Die Natur ist so bunt und so vielfältig. Male Dein ‚Drehbuch‘ von Deinem Wunder-vollen Leben und einer Wunder-vollen Welt. Halte diese Vision aufrecht. Jeden Tag. Jede Minute. Jetzt. Alles ist möglich. Wirklich alles. Entscheide Dich dafür.

Du tust Dich schwer mit Entscheidungen? Warum? Weil vielleicht noch was Besseres kommen könnte? Frag Dein Herz. Wirf eine Münze. Entscheide Dich. Und steh dazu. Dann bist Du nicht ständig unter ‚Strom', etwas hinterherzujagen.

Entscheide Dich doch einfach dafür, stets die für Dich richtige Entscheidung zu treffen. Denn sich nicht zu entscheiden ist ja bereits eine Entscheidung. Nur, dass Du Dich dann schwertust, für Dich eine klare Linie zu finden. Du kannst zwar jede Entscheidung jederzeit ändern – nur prüfe dann jedes Mal, was Dein Herz dazu sagt.

Frag Dein Herz. Entscheide Dich. Steh dazu. Ansonsten verrätst Du Dein Herz, Dich selbst stets aufs Neue. Achte auf Dein Gefühl bei der Entscheidung: Wenn es ‚kribbelt', ist es für Dich richtig. Wenn es eher dumpf ist oder Du gar nichts fühlst, solltest Du eine andere Entscheidung treffen. So einfach ist das. Wirklich. Probier es aus.

Mach alles neu. Deine Entscheidungen. Stell alles auf den Kopf, was Du bisher zu wissen glaubtest, was Dir die Gesellschaft – meist unbewusst - ‚aufgedrückt' hat.

Trau Dich. **Es ist Dein Leben.** Es gibt so viele Meinungen. Zu allem. Packe Deinen Schatz aus – Deine eigene Herzens-Stimme, Herzens-Meinung und vertraue ihr. Du kannst es schaffen, Dir selbst zu genügen. Strahle Dein Herz-Leuchten in die Welt und alles andere ist überflüssig.

Wer bin ich? Eine gute Frage. Ich bin alles was ist. Ich bin alles. Also auch alle anderen. Warum lasse ich dann zu, dass es anderen – die ja ich sind – schlecht geht? Dass sie fliehen müssen, dass sie auf der Straße leben müssen, dass sie kaum genug Geld zum Leben haben (vom Sterben ganz zu schweigen)?

Warum fange ich nicht **im eigenen Land** an? Ok, die Welt ist eins und kennt keine Länder – wir sind alle Bewohner einer Erde – die keinerlei Grenzen kennt. Das war nur eine Sache von uns Bewohnern. Warum? Um uns kontrollieren zu können. Warum? Weil die, die an der Spitze stehen, es gerne weiterhin bequem haben wollen. Da können sie keine Menschen brauchen, die verantwortlich mit ihrem und dem Leben anderer umgehen.

Es gibt so viele Obdachlose und Arme (vor allem Kinder) im eigenen Land! Warum wird da nicht angesetzt? Warum wird ihnen nicht geholfen? Warum wird das nicht gesehen? Wohl weil wir am liebsten die Augen vor dem verschließen, was vor der eigenen Tür passiert. Warum lässt Du das zu? Für die Armut – und nicht nur in Deutschland – bist Du mit verantwortlich. Ja – Du. Durch Dein Denken – das durch die Erziehung in diese Gesellschaft geprägt ist. Ändern kannst es wieder einmal nur Du. Mit dem Ansatz bei Dir – in Deinem Denken.

Warum wollen so viele einen Freiwilligendienst im Ausland machen? Sehen sie denn nicht, dass hier in Deutschland helfende Hände genauso dringend gebraucht werden? Und nicht nur für Obdachlose und Arme, sondern auch für ältere Menschen, die alleine leben. Auch sie brauchen unsere Zuwendung. Deine Zuwendung.

Oder möchtest Du, dass Du später genauso in ein Altenheim abgeschoben wirst? Oder alleine vor Dich hin lebst mit der Frage, was das denn alles noch soll? Du kannst Deine Richtung bestimmen – für jetzt und alle Zeit. Du weißt, wie es geht.

Anfangen kannst Du nur bei Dir. Wenn Du aus der Liebe heraus lebst zum Wohle aller, zieht das weite Kreise und bringt die Liebe in Anderen zum Vorschein, was wiederum weite Kreise zieht. Nur so kann Veränderung gelingen. Für das Wohl aller.

Schläfst Du ruhig, wenn Du weißt, dass ein Kind auf derselben Erde, auf der Du wohnst, weint? Weil es Hunger hat, weil es Schmerzen hat, weil es verlassen ist? Oder dass eine alte Frau alleine und verzweifelt ist, weil sie nicht weiß, ob ihre kleine Rente noch für das Essen in der letzten Monatswoche reicht? Oder dass ein Twen Haschisch nimmt, nur um von diese schönen Erde zu fliehen – in eine Traumwelt aus der er doch nur unweigerlich wieder auf-wacht? Dass Kinder sich unverstanden fühlen, weil sie so voller Liebe sind und sie weiter-geben möchten, dies die ‚Erwachsenen' aber nicht verstehen und sie abweisen? Dass ein kleiner Hund winselnd auf dem Rasen neben der Straße im Sterben liegt – weil er angefahren wurde? Denke einfach mal weiter. Was fällt Dir noch alles ein? Es gibt Millionen und mehr Fälle, denen es im Moment gar nicht gut geht – und da kannst Du noch ruhig schlafen?

Hey! Es geht Dich sehr wohl etwas an! **Du bist mit dafür verantwortlich!** Nimm das Ruder endlich selbst in die Hand! Verletze niemanden mehr durch Deine Gedanken. Befreie Dich aus den engen Gedankenmustern, die Dir die Gesellschaft aufzwingt. Alles, was Du bislang zu wissen glaubst, wurde Dir von dieser Gesellschaft vermittelt. Bewusst und un-bewusst. Wenn Dir klar wird, dass alles zusammenhängt, alles und alle eins sind, erschreckt Dich das vermutlich und Du weist es von Dir. Doch damit ist keinem geholfen. Dann geht Deine Denkmaschinerie genauso weiter wie bisher.

Da sind wir wieder bei Albert Einstein: Probleme können nicht mit demselben Geist gelöst werden, aus dem sie entstanden.

Wach auf! Erschrecke Dich, wenn Du unbedingt musst, aber löse Dich davon. Du weißt, dass alle Macht bei Dir liegt. Ja – Du hast die Macht, alles zu ändern. Aus Dir heraus. Es kann ein leichter Weg sein oder ein schwerer – ganz, wie Du es Dir denkst, wovon Du über-zeugt bist. Nun – es spricht nichts dagegen, dass es ein leichter Weg ist. Male es Dir aus. In den schönsten Bildern. Male es Dir jeden Tag aus. Bunter und schöner, anders als am Tag vorher – ganz, wie Du magst. Es ist Dein Drehbuch. Du führst Regie. Nimm sie endlich an. Zum Wohle aller.

Herz-Kompass

Du bist ein äußerst machtvolles Wesen. Ja – Du. Wie? Du glaubst mir nicht? Brauchst Du auch nicht. Stelle es selbst fest. Überzeuge Dich selbst von Dir und Deiner liebevollen, göttlichen Macht in Dir. Handle nur aus dem Herzen heraus. Frage Dich im ewigen Jetzt, was die Liebe jetzt tun würde. Lass los und lass Dich von Deinem Herzen führen.

Das Herz ist der Kompass Gottes, der Quelle aus der wir alle kommen und deren Teil wir sind. Wenn Du Deinem **Herz-Kompass** folgst, sei Dir sicher, dass Dein Weg der richtige ist. Dein Herz-Kompass führt Dich sicher, leicht und geborgen durchs Leben – zum Wohle aller. Du hast das bislang nur vergessen. Erinnere Dich!

Setz Dich jetzt bequem hin, schließe die Augen, atme tief durch und lausche nach Innen. An Deine Gedanken binde bunte Luftballons und lass sie steigen, damit sie Dich nicht hindern, Dein Herz zu hören. Tauche ein in Deine Stille in Dir. Lausche geduldig. Stelle gerne Fragen an Dein Herz. Es wird Dir antworten. Nicht unbedingt im Gespräch, sondern mit Bildern und Hinweisen, die Du jetzt oder später bekommst. Sei achtsam bei allem was Du tust. . Gehe achtsam durchs Leben – dann erkennst Du die Zeichen, Deine Antworten.

Die Quelle will nur das Beste für Dich. Dabei muss das Beste nicht unbedingt das sein, was Du als das Beste erachtest. Wenn Du beispielsweise unbedingt eine bestimme Wohnung haben möchtest, sie aber nicht bekommst – war sie nicht gut für Dich. Alles, was Dir nicht gegeben, erfüllt wird, sagt nur, dass es nicht das richtige für Dich war und etwas Besseres auf Dich wartet. Erkenne dies und öffne Dich für Wunder – und sie passieren. Wann – das ist alleine eine Sache der Quelle. Wann eben der genau richtige Zeitpunkt dafür ist. Für die Quelle gibt es keine Zeit. Wunder können also jetzt passieren. Alles ist möglich! Du alleine hinderst Dich mit Deinem Denken.

Lerne, auf Deinen Herz-Kompass zu hören. Natürlich nicht ohne den Verstand, aber das Herz ist viel weiser als der Verstand! Gib dem Verstand das Gefühl, gehört zu werden. Und schließe Kompromisse, mit denen sowohl der Verstand als auch das Herz einverstanden sind. Das Herz weiß über das Leben Bescheid. Der Verstand um die Bedingungen. Zum Beispiel muss sich der Verstand um Deine Versorgung in der Außenwelt kümmern. Wenn Herz und Verstand zusammenarbeiten, sich einig sind, bist Du auf dem richtigen Weg.

Du kannst Dir dafür Zeichen setzen. Entscheide, dass Du bei einer richtigen Herzens-Entscheidung etwas Grünes siehst, bei einer falschen etwas Rotes. Sei achtsam dabei. Du kannst auch entscheiden, dass Du diese Farben in Dir siehst. So hast Du eine für Dich sichtbare Rückversicherung, ob etwas gut oder nicht so gut für Dich ist.

Warmduscher/in

Kennst Du das? Das wunderschauernde Gefühl einer warmen Dusche? Wenn Du einfach da stehst und so glückselig bist, weil Du das warme Wasser spürst?
Wie es Dich sanft umhüllt, umfließt. Alles Schwere weggspült.
Zumindest für den Augenblick.
Die große Freude und Dankbarkeit darüber, dass Du einfach dieses wunderbar warme, fließende Wasser genießen kannst.
Was für ein Geschenk!
Sei ehrlich: Wann hast Du das letzte Mal die Dusche wertgeschätzt?
Überhaupt mal?
Es ist nicht selbstverständlich, den Luxus einer warmen Dusche genießen zu können.
Denk mal drüber nach.

Und?

Spürst Du die Freude über dieses Geschenk?

Denn das ist es.

Wie achtlos verfrachtest Du Dich Tag für Tag unter die Dusche?

Warum eigentlich?

Weil 'man' das so macht?

Hast Du das schon mal hinterfragt?

Ich habe z.B. gelernt, mich zu waschen. Duschen gab's bei uns nicht. 1x pro Woche ein Bad wohl.

Aber tut es nicht auch das 2x tägliche Waschen? Um abends den Dreck des Tages abzuwaschen und sich morgens frisch für den Tag zu machen?

Klar ist duschen bequemer - aber sein muss es nicht. Gerade auch im Zuge der Wertschätzung der Ressourcen.

Erinner Dich an Deine Kindheit. Da gab's evtl. auch nur das Waschen. Mit dem bunten Waschlappen - oder auch ohne.

Lerne, das Duschen als den Luxus zu sehen und wertzuschätzen, der es ist.

Spüre die große Freude, wenn Du duschst. Tauche ganz ein in das Gefühl der Freude, wenn Du das Wasser auf Dir spürst.

Quietsche vor Dankbarkeit. Singe. Tanze. Unter dem wundervollen Geschenk des Wassers.

Du kannst auch noch mehr für Dich tun.

Dir vorstellen, wie Farben Dich durchfließen. Lila ist z.B. Reinigung. Oder Deine Lieblingsfarbe. Einfach das, was Dir gut tut.

Segne das Wasser, während Du darunter stehst. Dieser Segen kommt allen Wesen zugute, denn das Wasser läuft ja weiter in die Welt.

Dusche ab sofort nicht mehr achtlos, sondern mach jedes Mal ein kleines Fest der Freude daraus.

Spüre die Freudenfunken, das Glücksgeprickel, das Wunderschauern.

Es ist Deine Zeit - ganz für Dich.

Genieße sie ganz bewusst und achtsam mit großer Freude und Dankbarkeit.

Du
machst den Unterschied.

Be-ruf-ung

Berufung.

Was ist das?

Kann ich das kaufen?

Möglichst billig?

Ist das nur eine einzige Sache?

Oder ist das vieles?

Ist das nicht diese chinesische Um-leit-ung?

Kann ich mir das leisten?

Was werden die anderen denken?

Muss ich mich dafür verändern?

Was ist Dein Ruf?

Der Ruf Deines Herzens?

Das Gefühl, bei dem Du wunderschauernd glücklich bist? So richtig?

Das Gefühl, von dem Du immer mehr haben möchtest?

Ok. Wenn Du dieses Gefühl hast, dann bleib da drin. Erinnere Dich im ewigen Jetzt an genau dieses Gefühl. Alles andere ist unwichtig.

Das Gefühl, bei dem Du alles andere um Dich herum vergisst? Weil Du ganz in Dir bist?

Das Gefühl, welches Du einfach leben willst – ohne den Gedanken, damit unbedingt überleben zu müssen. Da ist nur ein Glaubenssatz.

Wenn Du Deinem Ruf folgst, überlebst Du. Darfst das Geschenk Deines höchsten Gefühls leben. Und das jederzeit. Überall. Wie schön ist das denn?

Sei ganz ehrlich zu Dir selbst.

Verletze Dich nicht ständig selbst, indem Du Deine Interessen und Dein höchstes Gefühl zurücksteckst, weil Du meinst, es könnte andere stören. Noch so ein Glaubenssatz.

Stell Dich an erste Stelle. Nur wenn es Dir gut geht, wenn Du Dein höchstes Gefühl lebst und daraus Kraft, Liebe und Energie schöpfst,, kannst Du diesen Segen an andere weitergeben. Vorher nicht.

Also sorge an erster Stelle bestens für Dich. Gib auf Dich acht.

Höre Dir zu.

Lausche auf das, was Dein weiser Körper Dir sagen will – was er braucht, damit es ihm gutgeht. Du würdest Dein Haus ja auch renovieren, wenn es baufällig geworden ist. Der Körper ist nichts anderes. Nur, dass wir eher ein Haus oder Auto reparieren, als uns um uns selbst zu kümmern. Weil wir es nicht gelernt haben.

Die gute Nachricht: Du kannst es wieder lernen. :-)
Es ist so einfach. Lass einfach alles weg, was Du bisher gelernt und geglaubt hast, was Dir beigebracht wurde. Wie? Du meinst, das geht nicht? Hey – das ist noch so ein Glaubenssatz!

Was willst Du wirklich?
Weiterhin im graubunten Einheitsbrei des Hamsterrades funktionieren?
Oder meinst Du, dass es das nicht gewesen sein kann? So gar nicht?
Gut. Dann setz Dich jetzt hin. Ja – jetzt! Und hier, wo Du gerade bist.
Schließ Deine Augen. Atme tief durch. Komm zur Ruhe. Lass Deine Gedanken vorbeiziehen, ohne Ihnen Beachtung zu schenken. Setze sie auf Wolken und lass die Wolken einfach weiterziehen. Dann stell Deine Frage: Was will ich wirklich?
Was ist das Gefühl, was ich am wahrhaftig schönsten finde? Welches Gefühl geht Dir prickelnd unter die Haut und sprüht lachende Wunderschauer? Lass es einfach aufsteigen. Wenn Du es nicht spontan sagen kannst, probiere aus, was immer dieses Gefühl in Dir auslöst. Eine schöne, warme Dusche? Beim Reiten? Beim schreiben? Beim malen? Beim reden mit Menschen? Im Kümmern um Tiere?
Beim spielen mit Kindern? Beim basteln? Bei der Gartenarbeit? Beim fliegen?
Beim schwimmen? Beim radeln? Wenn Du in der Natur bist?
Oder einfach nur, wenn Du bist? Einfach ganz bewusst bei Dir bist ohne etwas zu tun?
Finde ‚Dein‘ Gefühl. Und mach mehr davon. Das ist, weswegen Du hier auf die Erde kamst. Um dieses Gefühl zu leben, zu verschenken. Dich und Dein Strahlen zu verschenken.
Mehr ist nicht nötig.

Wenn Du dieses Gefühl vorerst nur unter einer warmen Dusche erzeugen kannst
– das ist völlig ok. Finde weiter, was es noch gibt, dass Dich dieses Gefühl spüren
lässt. Probiere aus. So lange, bist Du ‚Deins' gefunden hast.

So etwas suchst Du nicht –

 Du kannst es nur finden.

Lass Dich von Deinem Herz leiten –

es führt Dich stets weise.

Wenn Du es dann noch schaffst, Deinen Verstand auch ‚ins Boot' zu holen, wenn
Herz und Verstand gleichermaßen zu Wort kommen dürfen und zusammenarbeiten
– dann hast Du es geschafft.

In Liebe

authentisch

zu leben.

Dann ist

alles

möglich.

Und was kommt dann?

Wenn jemand, der Dir sehr nahe gestanden hat, heim ins Licht gegangen ist, fühlst Du Dich alleine gelassen. Doch das bist Du nicht!
Du bist vielleicht wütend, weil Dich derjenige – aus Deiner Sicht – im Stich gelassen hat. Nun – das hat derjenige nicht.
Du bist sicherlich traurig, wenn Du an alle die schönen Erinnerungen denkst, die Du mit demjenigen verbindest.
Quäl Dich nicht mit Deinem Ego, dass Dir in so einer Situation stets nur vor Augen hält, was Du ‚verloren' hast. Dem Ego geht es nur um Dich. Um Dein Wohl.
Ändere Deinen Blickwinkel. Sieh es aus der Sicht des Gegangenen. Da, wo er/sie jetzt ist, ist er/sie nun vollkommen frei. Frei von allen Lasten des Lebens. Zurückgegangen, woher wir alle kommen: ins Licht.

Da alles reine Energie und Licht ist, kann nichts niemals nicht sein. Also alles ist ewig. Energie kann nicht nicht sein. Sie ist ewig. Und damit auch Du und alles, was ist – sichtbar und unsichtbar für Menschenaugen. Derjenige hat also nur seine Energieform gewandelt.

Erinnere Dich an die wunderbaren Zeiten mit demjenigen. Sei aus tiefsten Herzen dankbar dafür, dass Du ein Teil davon sein konntest.

Heißer Brei?

Nicht mehr um den heißen Brei reden, sonder Tun.

Das kann ich.
Bücher schreiben. Verlag finden.
Erfolgreich sein im Nutzen für
alle. Herzöffner sein.
Jetzt.
Meine Websites ausbauen.
Bloggen.
Erfolgreich im Jetzt.
Für alle.
Von Herzen.
Hugger sein.
Den Regenbogen weitertragen.
Leuchtturm sein. Der Liebe.
Anfangen.
Ganz einfach.
Glücklich.
Die Drachen entfesseln.
Zu den Menschen bringen.
Lichtvoll. Liebevoll.
Farbig. Bunt.
Leuchtturm sein.
Tröster. Wegweiser. Hugger.
Unterstützer.
Kraftvoll. Lebendig. Gesund.
Freudig.
Ideenübersprudelnd.
Motivierend.
Mitreißend.
Bewegend. Berührend.
Klar.

Verbindend.
Umsetzend. Ganz einfach.
Frei.
Aus der Fülle schöpfend.
Dem Herz vertrauend.
Fühlend. Spürend. Sehend.
Hörend.
Flexibel. Beweglich.
Überraschend. Spontan.
Querdenker.
Andersmacher.
Der Weg. (nicht mainstream) My
stream. My way.
Herz-Saat pflanzend.
Fließend.
Erfrischend anders.
Schreibend. Malend.
Spielend. Tuba. Gitarre. ...
Mit allen Wesen
kommunizierend.
Geistige, göttliche Welt.
Mittler sein.
Füllemalist.
Optimal mittig.
Echt. Wahrhaftig.
Ausdauernd. Ewig. Ewig jung.
Dankbar.
Tief.

Mein schönstes, höchstes, lebendigstes Gefühl ist die Riesenfreude, wenn ich
warm dusche. Einfach wunderschauernd.
Da geht nichts drüber.

Was ist Deins?
Finde es und

lebe danach.

Traum-Malerei

Was ist Dein Traum?

Der, bei dem Du dieses Kribbeln am ganzen Körper verspürst, weil er Dich so freut?

Finde heraus, was Dich so glücklich macht, das Du jeden Tag überschäumst vor

Freude und Energie.

Mache dann nichts anders.

Das ist der Motor,

der Dich in dieser Energie hält.

Der Dein Licht zum leuchten bringt.

Und es damit auf

alle

Lebewesen

verteilt.

Ich bin

Ich bin das Ich bin

Was bedeutet das?

Ich bin Licht. Energie, Farbe. Klang.

Liebe.

Sein in der Essenz der Liebe.

Vollkommen.

Ich nehme dieses Ich bin voll und ganz an.

Entscheide mich voll und ganz dafür.

Ich bin Licht.

Ich bin Liebe.

Ich bin Energie.

Ich bin Farbe.

Ich bin Klang.

Ich bin ganz, vollkommen, stark und mächtig, liebevoll, harmonisch und glücklich.

Ich bin liebevolle Macht der Liebe und des Lichts.

Voller Energie und Lebensfreude.

Sein im Fluss des Seins.

Wunder-voll. Voller Wunder.

Ich entscheide mich ganz klar

für das Licht und die Liebe.

Jetzt!

02.03.16

Wind of change

Ver-änderungen.

Überall.

Seine Linie finden im Chaos.

Alles bricht auf.

Darf in Liebe gehen und kommen.

Die Zeichen sehen.

Impulsen vertrauen.

Seine Linie benennen.

Ganz klar.

Für den Weg

des Herzens.

In Liebe und Licht.

Kraftvoll.

Klar sein

für sich.

Zum Wohle aller

wirken.

Sein.

Mit ganzem

Herzen

den Weg des Herzens gehen.

Vertraue.

Und gehe einfach

los.

Du bist gesegnet.

Sprung ins kalte Wasser

Was willst Du?

Von Herzen?

Hinterm Schreibtisch sitzen?

Tagein, Tagaus?

Mit immer den gleichen Fragen?

Egal, was Du machst:

Wenn es Dich langweilt, Du nicht mehr bereit bist, die ewig gleichen Fragen zu

hören und zu beantworten, im Auto-Pilot-Modus –

Dann solltest Du etwas ändern.

Jetzt!

Schiebe es nicht vor Dir her!

Davon wird es nicht besser.

Ziehe Bilanz.

Und übernimm

Verantwortung.

Für Dich.

Und damit für alle.

Nimm Dir die Zeit für Dich –

um herauszufinden, was Du

wirklich

willst.

Von ganzem Herzen –

was Dein Herz zum leuchten bringt.

Und dann mache

nichts

anderes.

Mut

Mutig leben.

Was bedeutet das?

Den Weg des Herzens gehen.

Atme tief durch.

Ziehe Bilanz.

Und dann

leg

los.

Mit allem, was Dein Herz

zum klingen bringt.

Wenn Du diesen Weg gehst,

ist für alles gesorgt.

Hab den Mut,

es zu wagen.

Du

kannst

es!

Trau Dich,

mutig zu sein.

Für Dich und

alles, was ist.

Du bist stets begleitet, geführt und gesegnet..

Fasse Dir ein Herz

und lebe

mutig

Deinen

Herzens-Weg-

Leuchtturm sein

Einfach

Sein.

Herzen berühren.

Kraft geben.

‚Anschubsen'.

Zu groß?

Scheint Dir oft so, vor allem, wenn Du Dich

verloren

fühlst.

Zu hohe Erwartungen an Dich?

Erfülle sie einfach durch

Dein

Sein.

Mehr

ist nicht nötig.

Du bist

Licht aus Licht

Liebe aus Liebe.

Du kannst

niemals leer davon sein,

weil es das ist,

was ist.

Was Du bist.

Mach einfach weiter mit Deinem wunderbaren

Sein.

Du bist

stets gehalten, geliebt, geführt, genährt, beschützt

und gesegnet.

Jetzt.

Hier.

Ewig.

Wandel-Wichtel

Jetzt ist eine Zeit des Wandels. Die einen spüren das sehr extrem, die anderen weniger. Jeder ist aufgefordert, zu wachsen. Die Wandel-Wichtel sind unbequem. Herausfordernd.

Wenn Du da drinnen steckst, kommt der Punkt, wo Du einfach nicht mehr weiter magst. Wo Dir alles egal ist.

Du kannst Dich aber nicht mehr verstecken. Dies ist eine Zeit der Größe. Des Annehmens der eigenen Größe und Kraft. Der Schmetterling erwacht.

Alles wird durchgerüttelt. Auf allen Ebenen. Miste aus. Drinnen wie draußen. Du musst erst ‚sterben', bevor Du in voller Kraft erblühst. Sei bereit. Das wolltest Du hier auf Erden erfahren. Geh hindurch, durch das Tal – so weit, eng und dunkel es auch ist. Dann erstrahlst Du in gleißendem Licht. Und berührst und weckst damit die anderen. Die ihrerseits erblühen können.

Die Welt ist eine andere als gestern. Sie ist das, was Du heute daraus machst. Es gibt nur diesen Moment. Jetzt. Hier. Halte Dich nicht am gestern fest. Und auch nicht an dem, was vielleicht kommt. Das Kommen ist das Jetzt. Das kannst Du drehen und wenden, wie Du willst.

Egal.!?

Wie egal sind Dir
Deine Bruder und Schwestern?

Wir sind mit allem verbunden!
Warum lässt Du dann zu,
dass es täglich Transporte wie im
Dritten Reich gibt?
Mit dem einzigen Unterschied, dass dort
nicht vergast, sondern
geschlachtet wird. Getötet.

Das macht auch Dich
zum Mörder, Mörderin.

Willst Du das?
Ist Dir vermutlich egal!.....?

Warum lässt Du sowas zu?
Meinst Du etwa, ‚Vieh' ist weniger wert als
Du? Warum glaubst Du das?
Weil Du mit diesem Glauben aufgewachsen
bist?
Weil die Gesellschaft es so vorlebt?

Meinst Du nicht, es ist an der Zeit,
umzudenken?
Das aufzubrechen, was einst als
‚Überzeugung' galt.

Das ist überholt. Verstaubt.

Lege die Staubschichten aller Überzeugen –
es dürften so gut wie alle nicht Deine
wahrhaft eigenen sein - endlich frei.

Leg den Diamanten frei, der Du bist.
Funkelnd, strahlend, reine, bedingungslose
Liebe. Diese Liebe kennt kein Leid, keinen
Schmerz, kein Töten.

Frieden
kann nur entstehen,
wenn Dir
so etwas nicht mehr egal ist.
Wenn Du
erkennst, dass
Du es bist, der/die dafür verantwortlich ist.
Alles
entsteht in
Dir.

Übernimm Verantwortung.
Für Dich.
Dann kann auch wahrhaftiger Frieden sein.
Überall.
Denn alles
geht von Dir aus.

Komm endlich aus Deinem Egal-Modus
heraus und
wach auf.

Wie würde es Dir denn gefallen, wenn auf
diesen Transportern ‚Lebende Menschen‘
stände?

Würde es
Dich
kümmern?

Es ist Zeit

Es ist Zeit für Dich
zu gehen,
Deine Herzensträume
zu leben –
ins Leben zu bringen.

leicht.

Du brauchst nur
zu gehen.
Du hast alle Hilfe dafür.
Trau Dich!

Worauf wartest Du?
Hält Dich noch der Morast des All-
Tags?
Setz Dich hin
und schau Dir
Deine Füße an.

Nimm Dein Herz in Deine Hände.
Frag, was es möchte.
Du
weißt es,
spürst es.

Worin stecken sie fest?
In Ängstlichkeit?
Im Festhalten-wollen?
In Glaubenssätzen anderer?

Mache Deine Herzens-Träume wahr.
Lebe sie für die Welt.
Gib der Welt Deinen Ton, Deine
Gaben – das ist es, was gebraucht
wird.

In Erwartungen anderer?
Was sind Deine?

Jetzt.
Hier.

Befreie Dich
von dem Morast.
Es ist
ganz

Ohne Ausreden.
Ohne Zweifel.
Frei.

Vervollständige das Welten-Orchester

-

Dein Ton ist
einzigartig.

Lass Dich von Deinem Herz lenken –
es führt Dich

zu Deinen
Schätzen, die in Dir liegen.
Entdecke sie!
Entdecke
Dich.

Aloha Ohana.

Aloha, all-umfassende Liebe

Danke, dass Du mir hilfst zu sehen, was ich noch nicht sehe.

Danke, dass Du mir hilfst zu fühlen, was ich noch nicht fühle.

Danke, dass Du mir hilfst, mich an Deine Herzens-Weisheit zu erinnern.

Danke, dass Du mir hilfst, in Deiner Kraft und Liebe zu bleiben.

Danke, dass Du mir Deinen Segen, Deine Liebe und Deine Freude allen Lebewesen
zu schenkst.

Danke, dass Du mir hilfst, dass ich alles habe, was ich dafür benötige im irdischen
Da-sein.

Danke, dass Du mir hilfst, klar zu sehen. Tief zu sehen. Zum Wohle aller.

Danke, dass Du mir hilfst, klar zu hören. Tief zu hören. Zum Wohle aller.

Danke, dass Du mir hilfst, klar zu fühlen. Tief zu fühlen. Zum Wohle aller.

Danke, dass Du mir hilfst, klar zu riechen und zu schmecken. Tief. Zum Wohle aller.

Danke, dass Du mir hilfst, klar zu wissen. Tief zu wissen Deine Herzens-Weisheit.

Zum Wohle aller.

Danke, dass Du mir hilfst, den Mut zu haben und Deine Liebe mit Leichtigkeit ins
Leben zu tragen. In alle Welt(en).

Danke, dass Du mir hilfst, aufzuwecken, was schläft.

Danke, dass Du mir hilfst, Licht ins Dunkel zu bringen. Die Welt(en) zu erhellen.

Danke für Deine All-umfassende Liebe.

Ich verneige mich in tiefster Demut und Dankbarkeit.

Danke. Danke. Danke.

Shalom

Danke, Gott!

Danke, dass ich Deine Liebe spüre. Jederzeit und überall.

Danke, dass Du mich leitest. Jederzeit und überall.

Danke, dass Du mich den Weg Deines Herzens führst. Jederzeit und überall.

Danke, dass Du so gut für mich sorgst. Jederzeit und überall.

Danke, dass Du mich tröstest. Jederzeit und überall.

Danke, dass Du mir Kraft gibst, Deinen Herzens-Weg zu gehen. Jederzeit und überall.

Danke, dass Du mir hilfst, Licht ins Dunkel zu bringen. Jederzeit und überall.

Danke, dass Du mir Klarheit schenkst. Auf allen Ebenen. Jederzeit und überall.

Danke, dass Du mir hilfst, Deinen Trost und Liebe zu schenken. Jederzeit und überall.

Danke, für all Deine irdischen Helfer und Licht-Wesen, die mich begleiten.

Danke, dass Du durch mich Heilung bewirkst- Auf allen Ebenen. Jederzeit und überall.

Danke, dass Du mir hilfst, Dein Wort, Deine Freude, Deine Liebe zu verbreiten. Jederzeit und überall.

Danke, dass Du mir hilfst, achtsam den Weg Deiner Liebe zu gehen. Jederzeit und überall.

Danke, dass Du mir hilfst, Deine Wunder wahr-zunehmen. Jederzeit und überall.

Danke, dass ich Deine Leichtigkeit und Freude in die Welt(en) strahlen darf. Jederzeit und überall.

Danke, dass Deine Formen unendlich und ewig sind. Und damit alles-was-ist.

Danke, dass Du durch mein Sein wirkst. Auf allen Ebenen. Jederzeit und überall.

Danke, dass ich hier sein darf. In Dir. In allem.

Danke, dass ich Deine Erfahrung auf Mutter Erde er-leben darf.

Danke, dass ich das

Ich-bin-das-ich-bin bin.

Jederzeit und überall.

Danke. Danke. Danke.

Shalom

Ich hin

Ich bin das ich bin.

Hier.

Jetzt.

Ganz.

Vollkommen.

Alles umfassende Liebe.

Licht, das alles berührt.

Eine neue Kraft

Ich habe mich zu Dir bekannt, Gott-Göttin.

Ganz

bewusst.

Eine neue Kraft

strömt durch mich,

erfüllt mich

ganz.

Eine Kraft, die ich so noch nicht kannte.

Überschäumende Energie,

Liebe des Herzens.

Un-fassbar.

Wunder-voll.

Be-lebend.

Er-frischend.

Danke,

dass ich eure göttliche Kraft annehmen darf.

Das sie durch mich

heilt,

berührt.

Danke

für das Licht im Dunkel.

Für euer Sein

in mir.

Shalom.

Schluss mit Warten

Worauf wartest Du?

Auf den nächsten Tag?

Auf die Rente?

Auf ‚Anweisungen'?

Löse Dich.

Vom Warten.

Nimm Dein Zepter nun

selbst

in die Hand.

Warte nicht, dass etwas passiert – angekündigt oder nicht.

Sei Du

das Wort.

Das Wort des Herzens.

Löse Dich aus den Schatten anderer –

so viel wird erzählt, orakelt, vorausgesagt, gepredigt, angekündigt... worauf Du

heute noch hoffend

wartest.

Löse Dich aus allen Abhängigkeiten.

Befreie Dich.

Du bist

worauf Du

gewartet hast.

Fang an,

endlich auf Dein eigenes Herz zu hören.

Tanze Dein Leben

Komm raus.

Aus Deiner

Starre.

Lass Dich berühren

von der Stimme

Deines Herzens.

Lebendig

Sein.

Nicht nur auf Bildschirme oder Bühnen starren -

und auf andere, die Sport oder anderes ‚darbieten‘ – zur Unterhaltung. Anderer.

Auf Kosten vieler.

Tanze Dein Leben.

Finde in Dein Herz.

Es freut sich so sehr darauf,

Deinen Tanz des Lebens

Mit Dir zu tanzen.

Strahle Deine Lebensfreude in die Welt.

Versprühe Deine Wunder-volle

Herzens-Energie.

Tanze

Dein

Leben.

Und die Welt

tanzt

mit Dir.

Aloha!

Loslassen

Geliebte Mutter,

ich lass Dich gehen.

Du hast uns auf irdischer Ebene verlassen,

bist jedoch immer

da.

Bei uns.

Danke.

Dass Du uns das Leben schenktest.

Das Du an uns geglaubt, getröstet, unterstützt hast.

Das Du uns

geliebt

hast.

So, wie wir sind.

Wir haben auch Dich sein lassen

wie Du warst.

Angenommen mit allem.

Geliebt.

Danke.

Für die gemeinsame Zeit

mit Dir.

Ich lass Dich gehen.

In Frieden.

Du bist

immer

da.

Danke.

Du darfst gehen

Geliebte Mutsch,
Wir lassen Dich wahrhaftig frei.
Du darfst nun gehen.
Dorthin, wohin Deine neuen Wege
Dich führen.

Du

bist

frei.

Genieße dieses neue Leben.
In vollkommener Gesundheit.
In der Weisheit des Herzens.
In der göttlichen Liebe und Freude.

Mach Dir um uns keine Sorgen.
Wir sind zäh.
Und wie schon der Name ‚Gundermann' sagt –
‚Unkraut' vergeht nicht.

Wir denken an Dich.
Tragen Dich stets im Herzen.

Du

bist

geliebt.

Danke.
Für alles.

Raum

Nimm

Deinen

Raum

ein.

Macht Dir Platz.

Im Innen und Außen.

Steh zu Deinem Raum.

Deinem Herzens-Raum.

Dieser Raum lässt Dich wachsen.

Du kannst Dich

ent-decken.

In Deinem

heiligen

Raum.

Steh gerade.

Richte Deinen Blick zum Horizont.

Strecke Dich, dehne Dich aus.

Nimm Dir

Deinen Raum.

Dann kann Dein Herz

atmen.

Und Du

bist

lebendig

.

Shalom

Um-denken

Denkst Du, dass Du denkst?

Oder wirst Du gedacht?

Denk mal

über diesen Unterschied nach.

Denkst Du, alles, was man Dir an Infos ‚vorsetzt' ist wahr?

Wie kannst Du wissen, dass es wahr ist?

Du warst doch nie in Indien und hast die Vergewaltigung nicht miterlebt.

„Zum Glück!", denkst Du.

Ja – aus Deiner Sicht.

Warst Du an der Seite der Wissenschaftler, die dies oder jenes ‚bahnbrechende'

erfanden?

Warst Du vor Ort, als die T-Shirt-Fabrik zusammenstürzte?

Was macht Dein Nachbar jetzt gerade?

Ja – hier neben Dir?

Denkst Du, es zu wissen?

Denkst Du, Du weißt, was überall ‚drin' ist?

In den ‚Lebensmitteln', ‚Hygiene-Artikeln', ‚Kleidung', in denWolken…?

Ja?

Hast Du schon mal hinter die Kulissen geschaut?

Du bist Liebe

Gottes Liebe
ist in allem.
In allen Wesen aller Welten und
Dimensionen.

Sie schützt Dich,
trägt Dich,
nährt Dich,
gibt Dir Kraft und Hoffnung,
Stärke und Zuversicht.
Sie hält Dich,
tröstet Dich,
hüllt Dich in Geborgenheit.

Sie ist Musik und Klang,
Farben und Gesang.
Reine Energie.
Ewig.

Du bist diese Liebe.
Die Liebe Gottes.
Die alles ist –
sichtbar und
unsichtbar.

Sie lenkt Dich,
führt Dich,
auf dem Weg
Deines Herzens.
Vertraue ihr.

Sie ist
alles.
Sie ist
das Wunder des Lebens.
Mach Deine Augen auf.
Und Dein Herz.

Fühle ihre Energie.
Fühle ihre Wärme.
Lass ihr Licht strahlen in die Welt.

Du bist
Gottes reine Liebe.
Du bist
alles.

Lenke, schütze, stärke, heile.
Du hast die Macht dazu.
Lenke zuerst Dich selbst.
Die Welt folgt Dir.
Du bist gesegnet.
Du bist
reiner
Segen.

So ist es jetzt.
Ewig.

Amen

Illusion

Illusion ist die
Vision
des Verstandes.

Sie gibt Dir Bilder.
Nach diesen Bildern lebst Du.

Des-illusion
ist die Vision
des Herzens.
Denn das ist
reine Liebe.

Die Vision des Herzens
ist einfach nur Wunder über Wunder,
geschaffen aus reiner Liebe,
der göttlichen Liebe.

Der Verstand denkt, das er denkt, dass er denkt,…
Das Herz handelt ganz einfach mit Leichtigkeit
aus der Liebe heraus.

Diese Liebe
Führt Dich
Deinen Herzensweg.
Den Weg der Wunder.

Lass die Illusion los und
vertraue der Vision Deines Herzens.
Es wird Dich stets wohl lenken.
Amen.

Los-lassen

Lass los,

Alles.

Auch Dich.

Lebe Deine Freude.

Löse Deine Ängste.

Du bist gehüllt in die reine, göttliche Liebe.

Aus ihr kann niemand herausfallen -

weil es nichts anderes gibt.

Lass los.

Alle.

Jeder hat sein

eigenes

Leben.

Du kannst dafür keine Verantwortung übernehmen.

Das kannst Du nur für Dich selbst.

Indem Du es für Dich selbst tust, wirkst Du auf alles, alle.

Du kannst helfen. Da sein. Beistehen.

Mit-fühlen.

Ganz im Sein in Dir.

Lass los.

Voller Leichtigkeit.

Und Liebe.

Du bist

gesegnet.

Wo bist Du?

Wo bist Du?
‚Gott‘,‚ Göttin‘?

Wo bist Du, wenn Du am dringendsten gebraucht wirst?
Ok, ich weiß: tief in mir. Da Du ein Teil von mir bist. Und ich von Dir.
Ok, wenn wir uns schon ein ‚Zuhause‘ teilen – warum bist Du so still?
Weil ich so still bin? Weil ich nicht genau hin-höre?

Ok – zeig mir, wie ich Dich wahrnehme. Höre. Spüre.
Du bist das Wunder in mir.
Lass mich Dich in die Welt tragen.
Damit alle was davon haben.
Von Deinem Licht., Deiner Liebe, Deiner Leichtigkeit und Freude.

Ok, ich verstehe, dass ich der Engel bin, um den ich gebeten habe.
Klingt ‚logisch‘ – wenn Du bereits in mir wohnst.
Alle sind Engel. Alle sind Du.
Es gibt nichts anderes.

Du bist nicht zu ‚be-greifen‘.
Du bist unsichtbar – wie der Strom.
Und doch da.
Voller Energie.

Ok – dann brauche ich wohl nur
das Licht
anzuschalten.

Danke.

Lebe

Lebe.

Jetzt.

Hier.

Dafür bist Du auf diese Wunder-volle Erde gekommen.

Leben, um die göttliche Liebe zu erfahren.

Um sie zu leben.

Lebe.

Als wäre jetzt

Dein letzter Tag.

Lebe.

Was tust Du?

Leben?

Oder ,blind' vor Dich hin existieren?

Ich habe Dich mit allen Sinnen erschaffen.

Lebe sie

alle.

Vor allem der Un-Sinn macht mir Freude. :-)

Ich liebe es bunt.

Lebe alle Farben -

und die Leichtigkeit

meiner göttlichen Liebe.

Du bist

gesegnet.

Was geht?

Was geht?
Was geht nicht?

Womit beschäftigst Du Dich?

Mit dem ‚es geht'?
Oder mit den ‚es geht nicht'?

Warum sollte etwas nicht gehen, nicht funktionieren?
Hast Du es ausprobiert?
Falls nicht, solltest Du davon ausgehen, dass es ‚geht'.
Nimm Dir ein Beispiel an Pippi. :-)

Du meinst, es ‚geht' dennoch nicht?
Dann ist es Dir nicht wichtig genug.
Setze Deine Prioritäten neu.
Alles ‚geht', wenn Du Dich dazu
von ganzem Herzen.
ent-schließt.

Ent-schließe Dich Deiner selbst gesetzten Grenzen.
Öffne Dich
Deinem Herzen.
Und alles
ist
möglich.

Namasté

Stern-Stunden

Was sind Deine ‚Stern-Stunden'?

Der Lotto-Gewinn?

Der ‚sichere' Job?

Ein ‚geregelter' Tages-ab-Lauf?

Ein gutes Leben auf dickem Finanz-Polster?

Sauberes Wasser?

Vor Menschen zu reden?

Deine Herzens-Weisheit mit-zu-teilen?

Zu atmen?

Zu gehen?

Ein Dach über dem Kopf zu haben?

Das Konzert ‚Deiner' Gruppe live zu erleben?

Umjubelter Star zu sein?

Beim Spiel des schwarz-weißen Balles mit-zu-fiebern?

Jemandem ein Lächeln zu zaubern?

Jemandem ein Stück Lebensqualität zu schenken – durch Dich? Nur, weil Du da bist?

Das türkisblaue Wasser des Ozeans?

Die warmen Strahlen der Sonne?

Den Hauch des warmen Windes?

Das vielfältige Konzert der Vögel?

Den filigranen Blüten-Duft?

Es macht Spaß

auch die ganz kleinen ‚Stern-Stunden' zu genießen.

Lerne, sie zu schätzen.

Sammle sie und verteile sie in der Welt.

Namasté

My way

Dein Weg.

Mein Weg?

Jeder hat seinen

eigenen.

Wir begleiten uns

ein Stück weit des Weges.

Gehen

muss ihn jeder

selbst.

Manchmal

gabeln sich Wege,

fordern Ent-scheidung für eine Richtung.

Ob sie ‚richtig' war?

Das weiß man hinterher…

und kann wieder eine neue Ent-scheidung für eine neue Richtung treffen.

Scheiden alter, überholter Wege

Für den strahlenden Herzens-Weg.

Ausgerichtet auf die göttliche Liebe.

Prioritätten setzen.

Aus dem Herzen

heraus.

Ganz

in

Dir

ruhend.

Namasté

Gleich-Mut

Gleich-Mut.

Ist anders als

Gleich-gültig.

Im Gleich-Mut

bist Du

ganz

bei

Dir.

Im Gleich-gültig-sein

ganz

woanders.

Aus dem Gleich-Mut heraus kannst Du alle so sein lassen, wie sie sind. Und holst

sie dort ab, wo sie stehen, ohne sie ändern zu wollen.

Mutig das Gleiche anerkennen.

Denn wir sind alle

eins.

In der Gleich-gültig-keit scherst Du alles ‚über einen Kamm‘.

Aus ihr kannst Du nichts erschaffen außer

Dein eigenes Leid.

Wähle

weise.

Shalom.

Liebe

Liebe.

Dieses Wort

können viele nicht mehr hören.

Weil es ‚missbraucht' wurde und wird..

Weil es oft nur ‚leicht daher gesagt' ist.

Was bedeutet es?

Alles.

Denn alles

ist

göttliche Liebe.

Jemanden wahrhaftig zu lieben,

bedeutet, ihn

Sein

zu lassen, wie er/sie ist.

Frei zu lassen.

Wahrhaftig zu lieben

bedeutet, füreinander da zu sein.

Frei lassen

im Herzens-Raum.

Achtsamkeit.

Herzens-Werte

ohne Menschen-Wertung.

Wer diese göttliche Liebe

aus dem Herz heraus spürt, ist

in

sich

angekommen.

Du kannst die göttliche Liebe nicht

finden.

Denn sie ist

immer

da

in

Dir.

Göttliche Liebe

ist wahrhaftig.

Un-meß-bar –

denn nur die Menschen

setzen ‚Maß-Stäbe

des Ver-standes.

Sie ist rein,

verlässlich,

tief.

In ihr kannst Du schwimmen

und wirst doch nie

das Ufer erreichen.

Weil sie

alles

ist.

Sie trägt,

tröstet,

fördert.

Und fordert manchmal
das Ego heraus
das sich ihr stets
überlegen wähnt.

Selbst Atheisten
spüren
dass da eine Liebe ist, die größer ist
als alles.

Diese Liebe
ist
Alles.

Lass Dich fallen
in diesen ewigen Ozean.

Du brauchst Dich nur
erinnern.

Sie ist
Immer
da.

War immer in Dir.

Diese göttliche Liebe
in anderen zu finden, ist ein großes
Geschenk.
Nimm es an.
Lebt es.

Mehrt diese göttliche Liebe,
strahlt sie in die Welt.
Gemeinsam
strahlt es sich leichter,
verbreitet sich leichter.
Und viele folgen diesem Ruf,
 mehren ihrerseits.

Bis Frieden ist.
In
Allem.

Du kannst nur in
Dir
Beg-Innen.

Seid
gesegnet.

Shalom

Aus-gepackt

Aus-gepacktes
Sein
lässt Dich strahlen.

Wenn Du die göttliche Liebe wahrhaftig spürst,
bist Du
überwältigt.

Du magst fast zerspringen,
vor purer Liebe.
Da ist überschäumende Freude,
tiefstes berührt-Sein,
Weite, Grenzenlosigkeit,
auflösend in dieser Liebe.
In allem.
Schönheit des Seins,
tiefste Dankbarkeit,
Licht-sprühend.
Groß – aber nicht ‚artig‘ -.
unbändige Energie.

Dein Sein
möchte wahrhaft in die Welt
Lass es frei, pack sie aus –
die ‚Büchse der Pandorra‘.

Es berührt
alles.

Danke!

Namasté

Chaos

Im Chaos

des All-tags

den Über-Blick behalten.

Eine klare Linie finden und daran entlang hangeln.

Prios setzen und den Fokus darauf setzen.

Die Nase oben behalten,

um aus den 1.000 Kleinigkeiten noch

Luft holen

zu können.

Die brennenden Augen schließen.

Tief

Luft

holen.

Inne halten.

Gönn Dir eine kleine

Pause.

Stille.

Sei

klar

in

Dir.

Dann meisterst Du das größte Chaos. Und

Dich

selbst.

Du

findest

Deinen Weg.

Namasté

Fertig fertig?

Meinst Du,

fertig zu sein?

Fertig fertig?

Das nichts mehr geht?

So gar nicht nichts?

Meinst Du

das wirklich?

Wirklich wirklich?

Warum?

Weil Du nur meinst, dass es so ist?

Oder weil Du es

fühlst?

Aus dem Herzen heraus?

Wenn Du es aus dem Herzen heraus fühlst,

kannst Du nicht ‚fertig fertig' sein.

Aus dem Herzen heraus existiert

nur Liebe.

Du bist also ‚nur' aus Deiner Herzens-Liebe

herausgefallen.

Schwups! Zurück ins Nest mit Dir!

Das rückt Deinen Blickwinkel wieder in die Liebe.

Und damit ins

bewusste

Sein in Liebe.

Du bist getragen, gehalten, ewig geliebt.

Gibt das ‚fertig' Sein ab.

Vertraue

Dir

Selbst.

Namasté

Heilquelle

Umhüllende Wärme umgibt Dich.
Getragen sein.
Umfangen von der göttlichen Quelle.
Pure Energie.
Leicht,
Spielerisch.
Präsent.
Fließend.
Sprudelnd.
Strahlend.
Nimm die Energie in Dich auf.
Lass sie Dich durchströmen.
Lass sie durch Dich zu allen strömen.
Heilung auf allen Ebenen.
Pulsierend.
Reinigend.
Kraftvolle Leichtigkeit.
Liebevolle Macht.
Zart und doch so
Energievoll.
Nutze die Quelle.
Verbinde Dich mit ihr.
Fühle ihre reine, liebevolle Energie.
Und berühre durch ihr Strahlen
alles.
Du bist bereit.
Verbinde Dich mit der Quelle in Dir.
Und erfülle alles Sein.
Lass die göttliche Quelle durch Dich strömen.
Und Wunder können geschehen.
Bleib in dieser reinen, liebevollen Energie,
die Dich und alles
trägt.
Nimm sie an
voller Dankbarkeit,
Leichtigkeit und

Freude.

Namasté

Musik

Musik

ist

Leben.

Energie.

Farbe.

alles.

Jedes Wesen – egal ob Mensch, Tier, Pflanze, Stein,

Elemente,… -

hat seine eigene Melodie,

die im Erden-Orchester

seinen Platz hat.

Jede

Melodie

ist

wichtig.

Da sie zum Ganzen beiträgt.

Wenn ein Wesen diese Erde

verlässt,

ist die Melodie

immer noch da.

Auf einer anderen Ebene.

Auf der Erde scheinbar

unhörbar.

Hörbar

mit dem

Herzen.

Lausche tief.

Fühle   tief.

Dein

Sein.

Shalom.

Namasté

Sehen

Augen

Sehen.   Vieles.

Oft zu viel.

Verdrängte Sicht-weise(n).

Was willst Du nicht sehen?

Das Naheliegende?

Das in der Ferne?

Es liegt in Deiner Hand.

Sicht-weisen kannst Du ändern.

Blick-winkel erweitern.

Verzweifle nicht!

Selbst , wenn Deine Sicht scheinbar schlechter wird.

Sieh mit dem Herzen.

Damit schaust Du in die

tiefsten

Tiefen.

Schau hin.

Ganz genau.

Ganz bewusst.

Lass zu.

Lass los.

Dann bist Du

frei.

Namasté

Zu schnell

Geht Dir alles gerade zu schnell?

Ist aus dem VW Käfer irgendwie ein Porsche geworden?

Rauscht Dir die Zeit einfach nur so ‚durch'?

Mit dem Gefühl, so gar nicht hinterher zu kommen?

Und mit dem Wissen, dass es in nächster Zeit keine Pause geben wird?

Das ist das

bunte

Leben!

Von Dir

gewählt.

Einen Aus-Knopf gibt es nicht,

keine Stopp-Taste.

Du bist nicht alleine!

Atme in solchen Momenten tief durch.

Halte inne.

Nur kurz

sammeln.

Du bist umgeben von Deinen himmlischen Helfern.

Wir stehen Dir jederzeit zur Verfügung –

Bitte einfach darum – ein Gedanke reicht.

Wir stärken Dir den Rücken.

Alles

ist

möglich.

Vertraue.

Halt die ‚Ohren steif‘.

Wenn Du uns nicht hörst,

schaue tiefer,

spüre tiefer.

Hab Geduld.

Wir sind

da.

Erinnere Dich stets an Deinen Weg,

den Weg Deines Herzens.

Das lässt Dich leuchten.

Es ergibt sich alles

zum rechten Zeitpunkt,

am rechten Ort.

Vertraue

und glaube daran -

an Dein Herz.

Aloha Ohana.

Shalom.

Namasté

Mein Herzenswunsch

Mein Herzenswunsch ist es, Menschen in ihr Herz zu führen, ihr eigenes, ‚göttliches' Strahlen wieder zu entdecken und in die Welt zu tragen. Zu ermutigen, die reine, ‚göttliche' Liebe, die jeder ist, zu leben – egal, was andere sagen, egal, wie ‚dunkel' es auch scheinen mag.

Wie habe ich das vor? Neben dem einfach-da-Sein?
Mit ‚Herz-Licht-Centren'. Den Anfang würde ich in meinem Elternhaus machen (was allerdings der Renovierung bedarf...) Diese Centren werden sehr vielseitig: mit Energie-Arbeit/Geistheilung und vielen anderen alternativen ‚Heilungs-Methoden' – das Spektrum ist breit. Kreativität - wie intuitives Malen, Klang-Heilung, Schreiben, Singen. Tierkommunikation, Floating/Wasser-Körperarbeit/Samadhi-Tank, Arbeit mit Heilsteinen, Meditation,... Eben Begegnungsstätten, die den gesamten Menschen wahrnehmen und im eigenen Tempo ‚wachsen' lassen. Sozusagen Hilfe zur Selbsthilfe. Mit Workshops, Beratungen/Coaching, regelmäßigen Terminen (z.B. Meditation), Seminar-Reisen (z.B. zu Kraft-Plätzen), selbst Kraft-Plätze ins Leben rufen, zur Heilung von Mutter Erde beitragen,...
Zudem wünsche ich mir, dass meine Texte als Bücher (und Kartendecks) diese Centren und jeden, der möchte, auf ihre Weise unterstützen.
Ich würde das alles auf Spendenbasis anbieten – damit auch wirklich jeder die Möglichkeit hat, für sich selbst ‚wachsen' zu können, wenn der Wunsch da ist. Das ist oft ein Manko der Anbieter – es ist generell so teuer, dass es sich nur wenige leisten können - das sollte nicht sein.

Ich bin das ich bin.
Reine, ‚göttliche' Liebe
die alles
ist.
Lass Dich
berühren –
im Herzen und
Sein.

Namasté

Berührt sein

Was lässt Dich
berührt sein?
Was
berührt
Dich?

Fühle tief in Dich,
spüre, was ‚es' ist.
Lausche.

Sei ganz ehrlich
zu Dir selbst –
ist es nicht nur eins,
das tief berührt?
Die reine Herzens-Liebe,
bedingungslos,
die sich in allem
findet?

Das zu erkennen, zu erfahren,
lässt Dich in Dir ruhen.
Du berührst.
Du wirst berührt.
Das ist das
tiefe
Leben.
Das Wunder
des Seins.

Namasté

Be-ein-fluß-bar

Be-ein-fluß-bares Leben.

Viel-fältig.

Ein Fluß bares, pures Sein.

Jeder ist

Be-ein-fluß-bar,

durch die je-weilige

Sicht-weise.

Mal mehr, mal weniger.

Je weiliger, ruhiger

das Sein,

je weniger.

Je vieler das Sein,

je faltiger die

Möglichkeiten.

Sichte die Weisen,

ent-scheide Dich für

das bare, pure Sein

aus Deinem Herzen.

Dann lenkst Du

Deinen Fluß

des Lebens.

Scheidest das Außen,

lebst aus dem

Inneren.

Ein Fluß bares, pures

Sein.

Namasté

Desperate heart

Aussteigen.
Aus allem.
Aus allem sinn-losem.
Z.B. dem Verkehrs-wahn-sinn.
Aus allem, was nicht zum Herzens-Weg gehört.
Genug 'geschluckt'.
Endlich das Ruder selbst in die Hand nehmen.
Raus

aus der
Zeitschiene.

Aus allen Zwängen.

Frieden

finden.

In sich selbst.

Aus sich selbst.

Blick-winkel ändern.

Zeit
für das
Wesentliche.

Nur ein Traum?
Illusion? Ill-vision?

Es liegt
bei

Dir.

Fang an!
Den Rest Deines Lebens
zu leben.
Frei.
Leicht.
Für alle.

Wach auf!
Handle
mit Tat-kraft.
für Dein Herz.

Namasté

Sternenstaub

Sich sammeln.

Auf der Erde

ankommen.

Manche suchen ihre Teile

ein Leben

lang.

Fühlen sich so

klein -

auch wenn die Erde kleiner ist

als das Weltall.

Dabei bist Du

groß.

All-umfassend.

Du magst wieder zurück gehen.

Als Sternenstaub.

Doch hier, auf Erden,

hast Du eine ganz besondere

'Hülle' bekommen.

Für Dein Wirken –

das nur

Du auf

Deine Weise

allen schenken kannst.

Trau Dich,

Dich

zu leben,

zu verschenken.

Es gibt

Dich

nur

einmal.

Namasté

Auf-gabe

Auf-gabe heißt,
sich selbst auf-zugeben und
seine Gabe
zu leben.

Welches ist/sind Deine?
Welche Gabe(n) bringst
Du
in das Orchester des Lebens?

Welches ist
Deine
Melodie des Herzens?
Der Du folgst, weil Du weißt, spürst,
dass es genau das Richtige für das Orchester ist?

Weil es
Dein
Weg des Herzens
ist.

Auf-gabe
Heißt, sich selbst verlieren,
um sein Herz zu finden.
Das, was Du bist.
Reine Herzens-Liebe.

Schenk der Welt
Deine Gabe(n).
Sie wartet schon sehr darauf. :-)

Namasté

Angekommen

Du bist
Angekommen,
wenn Du Dich wie ein
großer, starker Baum
fühlst.

Ein Licht-Baum,
der Dich mit seinen leuchtenden Wurzeln
in der Erde verankert
und mit seiner großen Krone
den Himmel
berührt.

Wert

Wert sein.

Was

bedeutet

Wert?

Das neue Auto?

Das neue Haus?

Schicke Klamotten?

Teures Essen?

Das Feinste vom Feinsten?

Die Essens-Ausgabe und ein Übernachtungs- Platz? Nur für Stunden ein bisschen

Wärme, bevor es wieder auf die Straße geht?

Jeder

hat das

Feinste vom Feinsten

verdient.

Es ist unser

Geburtsrecht.

Ja.

Da staunst Du vielleicht.

Jeder.

Auch der Obdachlose.

Das hungernde Kind.

Die misshandelte Frau.

Die arme Oma.

Jeder.

Was

bist Du

Dir wert?

Noch schnell einen Coffee-to-go vor der Arbeit?
Noch schnell den nächsten Frisör-Termin.
Noch schnell das kleine Tennisturnier dazwischen geschoben?

Was willst Du?
Wirklich. Wirklich?

Weiter durch das Leben hetzen?
Weil Du meinst, das muss so sein?
Noch mehr Termine unter einen Hut bekommen?
Für wen?
Um zu überleben?

Was willst Du?
Wirklich. Wirklich?

Ein Leben im Schnelldurchlauf?
Um am Ende dann nur verwundert aufzuschauen:
Wie? Das war's schon?

Was mein Dein Herz dazu?
Möchte es nicht lieber
einen Gang runter schalten?
Lieber in der Hängematte am Strand liegen
als die Termine durchzuhecheln?
Und das Leben
genießen.

Was willst Du?
Wirklich. Wirklich?

Sei ehrlich zu Dir selbst,
Zu Deinem Herzen.

Es liegt ganz alleine an Dir.

Abhängig?

Es ist Deine Sichtweise,
wovon Du
abhängig bist.

Davon, dass es schneit,
wenn Du Skilehrer bist.
Von den Kunden,
wenn Du ein Geschäft hast.
Von der Freude der anderen,
wenn Du ein Clown bist.

Warum
Fühlst
Du Dich
abhängig?

Ab-hängig heißt,
an etwas zu hängen.

Warum?
Du bist
frei.

Wenn etwas nicht so läuft,
wie Du
es gerne hättest –

dann ändere
entweder die Situation
oder Deine Sichtweise darauf.

Du
hast es in
Deiner
Hand.

Unaufdringliches
ergänzen.
Im Sein.

Loslassen,
wovon Du abhängig
zu sein
scheinst.
Loslassen.
Frei
sein.

Du bist es bereits.

Namasté

Verant-wortung

Ich nehme
mein Schicksal
selbst
in die Hand!

Ich bin
selbst
verantwortlich
für meine
Gesundheit
sprudelnde Finanzen
Fülle
Sehkraft
Balance
Glück
Fitness
Beweglichkeit
Und ich erlaube mir all das!

Ich übernehme
Verantwortung.
Für mich.
Jetzt.
Hier.

Vom Wort
ins Handeln.

Und alles
ergibt sich
wie von selbst.

Mahalo!

Weihnachten

Was bedeutet

Weihnachten

Für Dich?

Weißt Du,

was

es bedeutet?

Du hast die Geschichte des Kindes in der Krippe sicherlich gehört.

Sie wird schon sehr lange erzählt.

Hast Du sie mit dem Herzen

wahr-genommen?

Im Herzen

gefühlt?

Der Wahr ‚Geist' der Weihnacht

ist die bedingungslose Liebe

zu allem und allen

in dieser und allen anderen Welten.

Weihnachten

ist nur ein ‚Startschuss',

diese Liebe

zu leben.

Jeden Tag.

Jetzt.

Hier.

Aus Dir heraus.

Lebe sie

im ewigen Jetzt.

So ist die ‚frohe' Botschaft gedacht.

Manche brauchen dafür

Weihnachten.

Sehr viele

haben diesen ‚Startschuss'

missverstanden.

Als ‚Freibrief'

zum hemmungslosen Konsum.

Der meist alle überfordert – weil es einfach zu viel ist.

Sehr oft

auf den ‚letzten Drücker'

hetzten durch Raum und Zeit,

um doch noch schnell was für die Liebsten zu ‚ergattern'.

Warum

kommt Weihnachten

immer so plötzlich?

Weil die heutige Hetze

blind macht.

Für das Wesentliche.

Für das, was wirklich wichtig ist.

Für das, was gerne verdrängt wird, weil es

heutzutage

Luxus zu sein scheint:

Sich Zeit nehmen

Bedingungslos lieben

Sich verschenken.

Jedes Wesen genauso wahr und wichtig nehmen

wie sich selbst.

Weihnachten

Ist ‚nur' ein ‚Aufhänger'.

Damit wenigstens einmal im Jahr jeder die Chance hat,

den Geist der Weihnacht zu leben.

Warum

beschränken

wir uns nur darauf?

Warum

nicht jeden Tag

jede Sekunde

Weihnachten

feiern?

Und das weitergeben,

worauf es Jesus, Christus

– oder wie immer Du diese göttliche Kraft nennen magst –

ankam: die bedingungslose Liebe zu allen Wesen leben.

Sich in dieser Liebe verschenken.

Jesus

schenkte sich der Welt.

Er hatte keine anderen ‚Geschenke'.

Er schenkte sich

mit seinem ganzen Sein.

Das kannst Du auch!

Jetzt.

Hier.

Es braucht dafür keine anderen Geschenke.

Namasté

Wolken

Was bedeuten Wolken für Dich?

Als was siehst Du sie?

Als Wasseransammlungen,

die in der Atmosphäre schweben,

um irgendwann irgendwo der Erde Regen zu bringen?

In fröhlichen Tropfen, als sprühender Niesel,

als ‚Landregen', Guss oder Monsun?

Als Geschichtenerzähler,

Lichtbringer,

Formwandler,

Leichtigkeit?

Als schwarze Wand,

als goldene Watte?

Langsam, gemächlich,

schnell.

Tief, hoch,

zerzaust, geballt

Rollend, schwebend,

die Schwerkraft auflösend.

Scheinbar.

Bedrohend, brodelnd,

wattig, leicht.

Du kannst viel aus ihnen lernen.

Sei es Wettertechnisch oder Geistig.

Lass Dich verzaubern.

Way back home

Kennst Du das Gefühl?

Das da was 'ist'?

Das Du genau weißt:

Ich will nach Hause!

Und das dieses Zuhause

dort liegt, wo unser Ursprung ist?

Leben.

Hier.

In der Zerrissenheit

von ‚Heimweh' und bleiben.

Freude?

Hm.

Hier nicht so wirklich. Wirklich.

Wieso

dachtest Du ‚damals', dass es ein

guter Plan sei,

hier auf die Erde zu kommen?

Falsches Land,

falsches Klima,

falsche Gesellschaft.

…

Hm.

Vermutlich dachtest Du,

das genau das der Ansatz sei.

Um Frieden zu bringen.

Das Dein Licht

genau an dieser Stelle

nötig ist.

Damit Du

als Leuchtturm

für die anderen stehst.

Ihnen hilfst, ihren Weg zurück ins Licht zu

finden,

bei sich selbst

anzukommen.

Aber was ist mit

Dir?

Hast Du dabei auch an

Dich

gedacht?

Du meintest wohl, Du brauchst nichts

weiter dafür.

Nichts.

Außer Dich selbst.

An das Mensch-Sein hast Du dabei

nicht gedacht.

Nicht gedacht, dass Du Dich oft ziemlich

alleine fühlst.

Deine Erfahrung hier anzweifelst.

Macht das denn alles Sinn?

‚Und täglich grüßt das Murmeltier!'

Wofür?

Wenn eh alles gut ‚ausgeht'- da wir ja eh

alle ins Licht zur Quelle zurückkehren.

Hier unten auf Erden

haben wir die ‚Komfortzone' verlassen.

Wir finden nichts Vergleichbares.

Nicht wirklich. Wirklich.

Noch nicht.

Nur annähernd.

Nur ein großes Spiel.

In dem jeder auf seine Weise mitspielt.

Du wolltest auf die Erde.

Wolltest dieses Spiel mitspielen.

Das Warum bleibt Dir noch

verborgen.

Nur eine Ahnung.

Vielleicht.

Auf dem Weg zum Erwachen

gehst Du durch viele

‚dunkle Nächte der Seele‘.

Das

hat Dir hier niemand gesagt.

Das es so etwas gibt. Das es so Dunkel

sein könnte.

Und dass Du das ganz alleine

durchstehen musst.

Viele

verzweifeln daran.

Erkennen nicht,

dass sie immer wieder kurz davor stehen,

zu erkennen.

Zu viel.

Alles.

Steh auf.

Du

wolltest

hier sein.

Leben.

Auf Erden.

Darum steh auf und spiele weiter.

Tu so, als ob Du viel Spaß dabei hättest.

Das macht das Ganze leichter. Für Dich

und alle anderen.

Und wenn Du schon mal da bist:

Trage dazu bei, dass das Spiel für alle ein

Wunder-volles

ist.

Lebe Dein Licht.

Lebe Deine Liebe,

die aus Deinem tiefsten Herzen kommt.

Du weißt

im Herzen

um Deine Herkunft.

Das

ist Dein

Halt.

Du kehrst dorthin zurück.

Dann, wenn es ‚richtig‘ ist.

Das ist gewiss.

Bis dahin:

Lebe.

Liebe.

Lache.

Hab viel Spaß

und stecke alle mit Deinem Licht und

Herzens-Liebe an.

Strahle Dein Sein.

Danke für Deinen Mut.   Shalom! Mahalo! Namasté

Sinn

Sinn-frei. ! ?

Was hat es für einen Sinn,

hier auf der Erde zu

sein?

Ja klar – immer den, den Sinn, den Du Deinem Leben gibst.

Immer schön gesagt. Schnell gegeben, dieser Rat.

Wie sieht das im tatsächlichen Leben aus?

Lebst Du Deinen Sinn?

Hast Du ihn er-fasst, be-griffen?

Kann man ihn überhaupt

be-greifen?

Sinn-freies

Sein.

Vermutlich wollten wir erfahren,

was es heißt, vollkommen sinn-frei zu sein.

Absichtslos. Frei.

Das Warum ist eine un-lösbare Frage. Müßig.

Das Sein – genauso.

Und wie schaffst Du es nun, Sinn zu erkennen?

Gar nicht.

Du hast Dich für das Erden-Spiel beworben und nun bist Du hier.

Du wolltest das –obwohl Du das jetzt nicht mehr nachvollziehen kannst.

Wozu also

alles?

Schreib mir, wenn Du eine Lösung hast.

Namasté

Ohne alles

Sein

ohne alles.

Pur.

Einfach.

Still.

Auszuhalten?

Was

hilft Dir, zu leben?

Was

ist

Deine

Wahrheit?

Was

Lässt Dich

Funkeln? Strahlen?

Das

schenkst Du

allen Wesen.

Einfach nur

Durch

Dein

Sein.

So einfach ist das.

Shalom.

Namasté

Aloha

Aloha Spirit.

Die Liebe leben.

Bedingungslos.

Voller Lebensfreude.

Alle

im Herzen

berühren.

Der Welt

im ewigen Jetzt

Frieden schenken.

Durch Dein Sein

im Aloha.

So einfach.

Zu einfach

für Dich?

Geh

In Dein Herz.

Dort

ist alles

einfach.

Shalom.

Mahalo nui loa.

Wasser

Wasser ist

neutral.

Lebenspendend.

Vernichtend.

Rettend.

Tragend.

Unbändige Energie.

Auf der Erde.

In der Luft.

In Dir.

Unzählige Gesichter.

Trüb.

Klar.

Hart.

Weich.

Beständig.

Eilig.

Gemächlich.

Dunkel.

Hell.

Im Sein

ganz

einfach.

Frei

von Gedanken.

Es ist

einfach

nur.

Shalom.

Leben

Was heißt ‚Leben'?

Zufrieden sein, mit dem was ist?

Ständig ‚anhaken', mit dem, was ist?

Alltags-Rad

ohne ‚bunt'?

Ohne ‚Aus-Sicht'?

‚Gefangen'?

‚Feststecken' in dem, was ist?

Und keine Kraft,

es zu

ändern?

Meinst Du. ?

Gefühlt ‚platt'

von allem?

Dann ist es wohl Zeit.

Zeit, etwas zu ändern.

Das einfachste, was Du ändern kannst, sind

Deine Gedanken.

Darüber, wie Du alles siehst.

Du

kannst alles

ändern. Dich.

Du brauchst Dich nur aufzuraffen.

Fang an!

Heute

ist der Beginn.

Von allem.

Namasté

Komm in den ‚Quark'!

Du

kannst so viel erreichen.

Bewegen.

Du hast vielleicht schon viel gemacht. Gelernt. Erinnert.

Jetzt

ist die beste Zeit,

das umzusetzen.

Du brauchst nicht zu wissen,

wie

etwas realisiert werden kann.

Male Deine Vision.

Schau auf das, was Du ‚kannst',

auf Deine Gaben an die Welt.

Wofür

brennst

Du?

Sei konkret.

Und geh los.

Ganz einfach.

Leg los.

Jetzt.

Glaub an Dich!

Wir tun es.

Shalom

Hüter/in

Du bist

Hüter, Hüterin

Deiner Gaben.

Deiner Weisheit des Herzens für die Welt, für alle.

Hüter/in Deines Schatzes,

den nur Du vermagst

mit allen zu teilen.

Niemand

kann das für Dich tun,

da jeder sein eigener Hüter/in ist.

Sieh die Wunder überall.

Staune.

In Dankbarkeit,

unbändiger Freude, dass Du Deine Gaben teilen darfst.

Es braucht nur ein wenig Mut,

los zu gehen.

Spring

Über Deinen eigenen Schatten.

Justiere Dich auf Deine Gaben.

Damit sie zum Leben erwachen können

durch Dich.

Glaube an Dich!

Nur Du

kannst Deine Gaben in die Welt bringen.

Das Göttliche glaubt an Dich!

Warum wohl hättest Du sonst Deine Gaben?

Du bist ewig geliebt und beschützt.

Namasté

Gelegenheiten

Du

schaffst Dir Deine Gelegenheiten selbst.

‚Ziehst an', was Deine Überzeugungen sind.

Du

hast es

in jedem Augenblick in der Hand.

Dein Sein.

Deine Chancen.

Deine Möglichkeiten.

Springe

mutig.

Lass los.

Alles – was Dich

gefangen hält.

Besonders Du selbst.

Du

bist

frei.

Nimm diese Freiheit an.

Gestatte Dir, frei zu sein.

Gesund zu sein.

Deinen Herzens-Weg zu gehen.

Die Welt zu bezaubern.

Mit Deinem Sein

Namasté

Würze?!

Fragst Du Dich manchmal,

wo des Lebens ‚Würze‘ hin ist?

Weil Du sie im

bequemen

All-tag

vergeblich

suchst?

Was

wünschst

Du

Dir?

In welchen Farben

malst Du Dein Leben?

Du

hast

alle Möglichkeiten.

Spüre sie.

Nimm sie wahr.

Lebe sie.

Und die Fülle des Lebens mit der ‚Würze‘

kehrt zu Dir zurück.

Namasté

Geschenk

Nimmst Du das Geschenk wahr?
Das
Du
bist?

Das Du jeden Morgen aufwachen kannst?
Das Licht siehst?
Die Wunder-volle Mutter Erde?
Das Du gehen, stehen, sitzen, liegen, rennen, hüpfen kannst?
Dein Finger, Dein Zeh sich bewegt - wenn Du das willst?

Nimmst Du das Geschenk wahr?
Der Farben, Formen, Töne, Düfte?
Den Wind, die Kälte, Wärme, Regen, Sonne?
Das Geschenk, Anderen zu schenken?
Zeit. Freude. Ohren. Kreatives.

Das Geschenk, stets behütet zu sein, stets so viel zu haben, um anderen damit
zu helfen.
Eine Stimme zu haben - und sie für den Frieden und das Glück aller
einzusetzen.

Das Geschenk, im ewigen Jetzt entscheiden zu können, was das Beste für
einen ist. Den Herzensweg zu erkennen und zu gehen.

Das Geschenk der Gewissheit, dass es für alles eine Lösung gibt. Das Du
immer die Wahl hast.

Das Geschenk des Lebens.
Jeden Tag neu. 'Frisch'.

Was machst
Du
daraus?

Namasté

Lebst Du schon oder wirst Du gelebt?

Was

lebst

Du?

Dich?

Lässt Du Dich leben?

Bist Du

glücklich?

Hast Du Dich

gefunden?

Ohne die ‚Schnörkel' anderer

aus Dir selbst erschaffend?

Spürst Du Dich?

Dein tiefes Sein?

Ohne Masken?

Einfach nur

Dich?

Was

bist

Du?

Aus Deinem tiefsten Sein heraus

erkennst Du, dass Du

reine Liebe

bist.

Shalom.

Erinnerungen

Was vergangen,
ist vergangen.

Nichts
bringt Gewesenes zurück.

Das kann nur das eigene Herz.
Wenn es nötig ist.

Festhalten
ist keine Lösung,
macht nicht lebendig.
Erinnert nur stets an das,
was war.
Hält gefangen.

Kleinkrämerei.
‚Übervorteilt' fühlen.
Wieso?
Materielles
bringt Gewesenes
nicht zurück.

Warum festhalten?
Aus Angst,
sich selbst
zu verlieren?

Warum war vorher
alles gleichgültig?
‚Nervig'?
Das Materielle
wurde gern genommen.
Schade,
dass es nicht für mehr ‚da' sein reichte.
Das das eine Last war.

Viel Gemeinsames

versäumt.
Selbst
geschadet.

Frieden?
Wünsche ich Dir.

Namasté

Ent-täuscht

Wieder einmal mehr
ent-täuscht.

Von ‚Bildern‘, die so
nicht existierten.

Lass mich in Ruhe!
Deine Zeit ist vorbei.
Nimm all Deine nicht eingehaltenen Versprechen mit.

Finde
Dich erstmal
selbst.

Auf das ‚Halb-‚ würde ich gerne ganz verzichten.
Andere sind meine wahrhaftige Familie.

Ich sage mich los!
Habt ein schönes Leben.
In euren eigenen Dunstkreis.
Wie bisher auch.
Als ‚Opfer‘ dümpelnd. Eifersüchtig.
Sich als Gut-Mensch-glaubend -
nicht mal bei sich selbst anfangend.
Behaglich in den eigenen Grenzen verhaftet.

Steh zu Dir!
Gib Dir selbst,
was Dir bislang
niemand
geben konnte.

Nimm Dich an.
Ganz. Vollkommen. Ohne Ausflüchte.

Ich bin nicht mehr Teil von euch. War es nie.
Ich habe

meine Entscheidung
getroffen.

Shalom.

Mit-fühlen

Fühlst
Du
mit?

Mit dem Leben?
Mit allen Wesen?
Mit allem?

Bist Du
berührt?

Du
fühlst
viel.
Oft zu viel.

Deine Freude, Dein Schmerz
ist meine Freude, mein Schmerz -
im Fühlen.

Wenn jeder
so achtsam mit-fühlen würde,
wäre Mutter Erde und alles auf ihr
geheilt.

Denn mit-fühlen heißt,

in allem sich selbst (das Göttliche) zu sehen.

Und wer wäre im Stande, sich selbst zu schaden?

Namasté

Gleichmut

Gleichmut

ist eine Form

von Meditation.

Aushalten

ohne sich

von sich selbst und

durch das Außen

überwältigen zu lassen.

Es erfordert

tiefes Durchatmen und

innere Stille, die tiefer ist als der Ozean.

Alles Äußere

mit der tiefsten inneren Stille

beobachten.

Aus dieser Stille heraus

das eigene Tun und Lassen entscheiden.

In der eigenen Stille

sein.

Es erfordert

Mut.

Bist Du

bereit?

Shalom

Be-wegt

Be-wegte

Be-weglichkeit.

Starres Sein?

Flexibel

den Herzens-Weg

entlang tanzen.

Bewegt

bewegen

auf den Wegen

des Herzens.

Bewegen

heißt, die Wogen des Seins

beweglich

umschiffen.

Be-wegt

Dich Dein

Herzens-Weg?

Be-wege

Dich

im Herzen

und gehe

Deinen

Weg des Herzens.

Namasté

Danke

Danke Dir.

Von Herzen.

Für Dein Sein.

Für Deine Herzens-Wärme.

Für Deine Liebe.

Für Dein Mit-Gefühl.

Für Dein Da-Sein für Deine Lieben –

egal, was ist,

egal, wie ‚stürmisch‘ die See.

Voller Einsatz.

Jederzeit.

Überall.

Du bist

ein Wunder.

Erlebst immer wieder

Wunder.

Du

lebst.

Nimm

dieses Geschenk an.

Vertraue

auf das Leben.

Lebe.

Ganz.

Voller Dankbarkeit und Begeisterung

für das Leben.

Mahalo nui loa!

Neugierig

Neugierig Sein.

Auf das Leben.

Auf das Sein.

Funkelnde Augen.

Forschend. Interessiert

alles

in sich aufsaugend.

Dankbar

für das Leben.

Fröhlich

den Weg des Herzens gehen.

Leichtigkeit

leben.

Sich und die eigene vollkommene

Freiheit

anerkennen.

Alles

liegt

in Dir.

Neugierig

das Sein

ent-decken -
im ewigen Jetzt.

Namasté

Über-flüssig

Hast Du manchmal das Gefühl,
über-flüssig
zu sein?

Es gib kein
über-flüssiges
Sein!

Es fließt stets über.
Aus dem Herzen heraus.
Sich selbst erneuernd.
Flüssige Energie,
die sich durch Dich manifestiert.
Die alles
berührt.

Über dem Ego seiend.
Aus dem Herz fließend.
Den Fluss des Seins
über-blickend.
Stets begleitet und beschützt.

Nutze dieses über-fließen,
um Dein Sein
Im ewlgen Jetzt neu zu erschaffen.
Du
bist
Wunder-voll!

Namasté

Alles

Du bist tiefes Sein,

entstanden aus Licht und Energie.

Nimm das Geschenk der göttlichen Menschlichkeit an.

Sein im Licht – das ist, was Du bist.

Begleitet und beschützt. Gemeinschaft.

Hohes Sein in Dunkelheit. Wandelt sich in Licht.

Geh voran. Es ist Zeit.

Herzenswärme, die alles berührt. Auftaut.

Entfache die Quelle in Dir.

Befreie sie.

Lass sie los. Sie berührt alles.

Sein im Licht.

Segen.

Das Licht fließt, bricht auf – auch die dunkelste Dunkelheit.

Lass Dich von Dir selbst berühren.

Von dem Licht, dass Du bist.

Finde Dich im Innern. Strahle nach Außen.

Gib Dich frei – Du bist es immer gewesen.

Licht vom Licht. Du bist alles.

Sein im Licht. Mehr gibt es nicht.

Du bist ‚zu Hause'.

Er-füllt

Er-füllt
Vom Sein.
Umgeben von
Liebe und Energie.

Be-füllt
Von dieser Liebe und
Energie.
Leuchtend.
Sprühend.
Ewig.

Über-füllt?
Mit Input?
Vom Sein?

Dann ent-fülle
Dich wieder.
So lange, bis Du
erneut
er-füllt
bist vom
Sein.

Um-fülle
so lange, bis Du
wieder in der
Balance
des Er-füllt-seins
bist.

Namasté

Be-trunken

Be-trunken
vom Sein.
Vom Leben.

So fein
die Antennen.
Zu fein?

Be-rauscht
von der
Quelle
allen Seins.

So fein
das Sein.

Alles
Aufnehmend.
Los-lassen.
Frei.

‚High'
vom Sein auf Erden.
Nimm das
Wunder
allen Seins wahr.

Spüre
Weise.
Und genieße den
‚Rausch' des Lebens.
Aus Dir heraus.
Nur mit dem Sein
Sein.

Namasté

Wahrnehmung

Was
Nimmst Du
Wahr?

Mehr
Als Dir lieb ist?

Sieh den
Segen
Darin.

Erfreue Dich daran.
Tiefe
Des Seins.

Die sanfte, warme, würzige, frische
Luft,
die durchs offene Fenster strömt

und vom Leben erzählt.

Nimm wahr
Mit all Deinen
Sinnen.

Grnezen
Kennt nur Dein
Ver-stand.

Eine ganze feine
Antenne.
Richte sie aus.
Lass sie zu.
Zum höchsten Wohle
Aller.

Namasté

Fließend

Alles nimmt seinen Laut.
Fließend
ergießend
ins
Sein.

Aller erfüllend.
Alles
mit Liebe
aus-füllend.

Fließend
im ewigen Strom
der Energie
des Herzens.

Fließende
Liebe.
Ewige
Energie.

Alles
seiend.

Fließend
sanft
strömend
wild
ewig.

Fließende
Hingabe
in alles
Sein.

Fließendes
Herz
all-umfassend
ewig.

Namasté

Dein

Dein sein
und bleiben.
Im ewigen
Jetzt.

Grenzenlos.
Ewig.

Dein
Sein
aus der
Tiefe
des
Herzens.

Dein
Sein
zu
Dir.
Ganz voll von
Liebe
des Herzens.

Deins
im
ewigen
Jetzt.

Fließend.
Erfüllend.
All-umfassend.

Dein
im
ewigen
Jetzt.

Amen.

Welten-Pendler

In welcher Welt bist Du gerade
unterwegs?
Auf der Erde?
In Deiner eigenen?
Ganz weit weg?
Hier?

Du bist
parallel.
in allen
Welten,
Dimensionen,
Zeiten.
Jeder.

Alles geschieht
Im ewigen Jetzt.

Wenn Die alles klar + bewusst ist,
kannst Du alles
‚Steuern'.
Du hast die Fähigkeit dazu.
Jeder.

Mach Dir alle Deine Welten bewusst,
dann kannst Du sie mit
Leichtigkeit steuern
zum höchsten Wohl aller.

Fang einfach
an.

Namasté

Du bist

Steh stark in den Stürmen,
selbst, wenn es unbequem ist.

Sei achtsam. Sei bereit.
Behalte stets den Überblick.

Raus aus der Komfortzone.
Löse deine Grenzen.

Geduldig.

Schüttele Dich, lass alles los.
Sei achtsam und lebendig.
Neugieriges beobachten
des Seins.
Um Dich. In Dir.
All-umfassend.
Einfach.

Du ruhst in Dir.

Einfach so.
Sorge gut für Dich
Du

bist stets behütet, beschützt,
geborgen.
Aus Dir heraus.

Sieh
Deine Schönheit.
Nimm sie wahr.
Sieh
sie überall.

Siehst Du das Leuchten in den Herzen
–
trotzdem es draußen grau und windig
ist?

Ruhe.
In Dir.
Gönne Dir Zeit für Dich.
Tanke auf.

Du bist
Gesegnet.

Danke.

Bedeutung?

Was
hat Bedeutung?
Nichts.
Alles.

Hat es eine Bedeutung,
wenn nach einem erfüllten Leben
nichts weiter
daran erinnert, als ein winziger
Grabstein auf dem Urnen-Rasen –
obwohl Du ein wundervoller Steinmetz
warst und die schönsten Grabsteine
erschufst?
Ironie? Sollte man nicht meinen, Du
hättest ein größeres Andenken
verdient?

Nichts
hat Bedeutung.
Nur für Dich selbst.
Deine Ansicht, Deine Meinung
schafft Bedeutung.
Nur für Dich.

Es spielt keine Rolle,
was Du tust.
Tun kannst Du alles.
Oder nichts.

Letztendlich kommen alle zurück, wo
wir herkamen:

In die universale, bedingungslose
Liebe.
Du magst es ‚Gott‘ nennen.
Oder ‚Universum‘.
Finde Deinen eigenen Namen für die
‚höhere Energie‘, die wir sind.

Wir gehen dorthin zurück.
Daher hat es keine Bedeutung, was
Du
tust.
Du bist
bedingungslose Liebe.

Du kannst nichts dorthin mitnehmen
außer Deine Erfahrungen.

Allumfassende Liebe
bist Du.
Du bist hier,
um Dich daran zu erinnern.

Sammele Momente voll Freude und
Glück. Sei einfach nur.

Lass Deine Liebe in die Welt strahlen.
Das ist die Bedeutung des Lebens.

Shalom

Danke!

Danke an das Leben, das mich dies erfahren und schreiben lies.

Danke an Dich, dass Du Dich darauf eingelassen hast – auf das Leben.

Möge Dein Weg der Weg Deines Herzens sein - Licht- und kraftvoll in der bedingungslosen, allumfassenden Liebe.

Mögest Du voller Vertrauen sein – in das Leben, in Dich, in alles Gute.

Mögest Du ein Licht-Bringer sein für diese Welt. Du bist es.

Ich verneige mich vor Dir.

Denn Du bist ich.

Wir sind eins.

Liebe.

Ganz viel Liebe, Kraft, Freude und Licht für

Deinen Weg des Herzens.

Schreib mir gerne Dein Feedback.

Was Du wahrgenommen hast. Wie es Dir mit den Texten geht. …

Anja Gundermann

Licht-Bringerin der ‚Neuen Zeit'

Tel. Mobil/WhatsApp: 0172 8024445
E-Mail: info@leuchtturm-der-seele.de
Website: www.leuchtturm-der-seele.de

Bibliografische Information der Deutschen Nationalbibliothek: Die Deutsche Nationalbibliothek verzeichnet diese Publikation in der Deutschen Nationalbibliografie; detaillierte bibliografische Daten sind im Internet über dnb.dnb.de abrufbar.

Herstellung und Verlag:
BoD – Books on Demand, Norderstedt"

ISBN: 978-3-7481-8857-5